DAS GROSSE
KOCHBUCH
FÜR DEN
THERMOMIX®

DANIELA & TOBIAS GRONAU

DAS GROSSE
KOCHBUCH
FÜR DEN
THERMOMIX®

ÜBER 100 REZEPTE FÜR VORSPEISEN,
HAUPTGERICHTE UND DESSERTS

südwest

Inhalt

6 So war das nicht geplant

8 **Wissenswertes** über den Thermomix®

10 Thermo-was?
  10 Die Bestandteile des Gerätes
  11 Optimal dampfgaren
  12 Funktionen
  12 Zeitangaben
  13 Reinigung des Mixtopfs
  14 Tipps zu den Rezepten

16 **Fingerfood** aus dem Thermomix®

26 **Salate** aus dem Thermomix®

36 **Suppen** aus dem Thermomix®

46 **Fleisch** aus dem Thermomix®

62 **Fisch** aus dem Thermomix®

Inhalt

78 Vegetarisches aus dem Thermomix®

96 Veganes aus dem Thermomix®

112 Herzhaftes Gebäck aus dem Thermomix®

120 Aufstriche aus dem Thermomix®

128 Partyrezepte aus dem Thermomix®

138 Nachtisch aus dem Thermomix®

154 Süßes Gebäck aus dem Thermomix®

174 Getränke aus dem Thermomix®

184 Mitbringsel aus dem Thermomix®

190 Register

191 Über die Autoren

192 Impressum

Vorwort

So war das nicht geplant

Wie alles begann? Ganz anders, als gedacht: Wir wurden zu einer Thermomix®-Präsentation eingeladen. Thermomix® (TM) was? Bis dahin hatten wir noch nichts davon gehört – und sagten den Gastgebern zu, sodass genügend Leute für die Produktvorstellung zusammenkamen. Vorher stimmten wir uns ab: »Wir werden nichts kaufen; nein, auf keinen Fall.« Zurück im Auto, hielten wir den Durchschlag des unterschriebenen Kaufvertrags in der Hand – die Rückfahrt verlief entsprechend schweigsam. Doch hey, jetzt wussten wir nicht nur, was ein Thermomix® ist: Wir waren auch stolze Besitzer des Küchenhelfers!

Von null auf hundert

Von da an ging's ganz schnell: Waren wir uns während der Lieferzeit noch unsicher, ob wir in einen teuren Staubfänger investiert hatten, änderte sich unsere Meinung mit Einzug des TM31 schlagartig. Wir waren begeistert – und hatten, auch wenn wir das damals noch nicht wussten, mit unserem Thermomix® nicht nur eine ganz große Leidenschaft, sondern auch einen neuen Beruf gefunden.

Es folgten lange Kochabende, wir hielten uns ständig neue Rezepte unter die Nase und waren doch immer auf der Suche: Was kochen wir, was gibt es Neues zu entdecken, wie gelingen uns Gerichte schnell, einfach und vor allem abwechslungsreich? Einmal im TM-Fieber, steckten wir Freunde und Familie gleich mit an – alle diskutierten mit, wurden mit leckeren Gerichten verwöhnt und schließlich regelrecht zum Testessen rekrutiert: Denn wir begannen, selbst Rezepte zu entwickeln.

On top auf der Gästeliste

Unsere Gerichte wurden immer ausgefeilter – und wir zu gern gesehenen Gästen. Die nicht nur Salat oder Nachspeisen, sondern oft gleich das ganze Menü mitbrachten. Die getesteten Kochideen mussten unter die Leute! Nach wie vor sind wir froh über jede Einladung – so müssen wir nicht ständig sämtliche Freunde abklappern, um unsere Gerichte an den Mann oder die Frau zu bringen.

Denn: Man kann gar nicht so viel Sport machen, wie man isst ... Was wir gerade beim Entwickeln unseres Eis-Rezeptheftes bemerkt haben. Dazu kam, dass wir vor lauter Kochen und Probieren auch kaum mehr Zeit für Sport hatten. Doch weder Gewichtsprobleme noch Technikhürden konnten uns aufhalten: Wir investierten in eine professionelle Fotoausrüstung (Ade, Wohnzimmer!), studierten Web-Codes, Grafikprogramme und Design und gründeten unseren eigenen Verlag.

Große Freude! Ebenso freuen wir uns, nun dieses große Rezeptbuch im Südwest Verlag verlegen zu können.

Zwei Köche, eine Zukunft

Wie es sich als Paar zusammenarbeitet? Erstaunlich gut! Vor allem, seit wir den TM5 haben. Zugegeben: Davor gab's schon die ein oder andere Diskussion, wer als Erster an den Thermomix® darf. Nun mixt Daniela mit dem altbewährten TM31. Und Tobias freut sich über den Touchscreen des TM5 und hat darin sein neues Technikspielzeug gefunden.

Gemeinsam kümmern wir uns um das gesamte Spektrum: von der Ideenfindung und ausgiebigen Testphase, über die authentische Fotografie bis hin zur liebevollen Gestaltung unserer Anleitungen. So kreieren wir heute hauptberuflich Rezepte für den Thermomix® – ein wahrgewordener Traum! Im eigenen Verlag haben wir Rezepthefte und Kochbücher veröffentlicht, bieten unserer Community über will-mixen.de Tipps und Know-how rund um unseren liebsten Küchenhelfer und betreiben unseren eigenen Onlineshop. Dort finden Thermomix®-Begeisterte von uns getestetes und für gut befundenes Zubehör, das das Kochen und Backen mit dem TM noch einfacher macht.

Und jetzt? Wollen wir Euch nicht länger aufhalten: Lasst Euch von unseren Ideen inspirieren! Und freut Euch auf abwechslungsreiche Rezepte für Familie und Gäste, besondere Anlässe und jeden Tag. Viel Spaß, liebe Leser und Leserinnen, nun beim Ausprobieren – und entspanntes Genießen. Wir sind dann mal beim Mixen!

Daniela & Tobias Gronau

INFOS UND
WISSENSWERTES
ÜBER DEN THERMOMIX®

Wissenswertes über den Thermomix®

Thermo-was?

Der Thermomix® (TM) ist eine Multifunktionsküchenmaschine, die zwölf Funktionen in einem Gerät vereint. Unser Star in der Küche kann: zerkleinern, mahlen, rühren, kochen, dampfgaren, schlagen, vermischen, mixen, emulgieren, kneten, wiegen und kontrolliert erhitzen. Der TM5 hat mit 2200 Milliliter etwas mehr Fassungsvermögen als sein Vorgänger, der TM31, der nur 2000 Milliliter fasst. Die Rezepte aus diesem Buch können mit beiden Modellen nachgekocht werden.

Die Bestandteile des Gerätes

Der Thermomix® besteht aus dem Grundgerät, einem Mixtopf, einem Mixmesser, auf das ein Rühraufsatz aufgesetzt werden kann, einem Mixtopfdeckel, einem kleinen (100 Milliliter) Messbecher, einem Spatel, einem Gareinsatz und dem Varoma, der sich zusammensetzt aus Varoma-Behälter, Varoma-Einlegeboden und Varoma-Deckel.

Gehäuse Die Schaltzentrale als grundsolides Tischgerät mit Display, Funktions-Wahltaste und Temperaturanzeige.

Mixtopf Ohne ihn läuft gar nichts. Mit Temperatursensoren und einer eingebauten Heizung im Boden ist er Kochplatte und Kochtopf in einem. Die praktische Ausbuchtung des Mixtopfrandes ermöglicht es, z. B. Suppen, Saucen und Eintöpfe direkt und ohne Kleckern in die am besten vorgewärmten Teller zu füllen.

Mixmesser Von weich bis kräftig kann es schneiden, mischen, kneten oder eben doch nur ganz sanft umrühren. Zum Schlagen von Sahne oder Eiweiß verwenden wir in unseren Rezepten den Rühraufsatz, der wie ein Schmetterling auf das Messer gesetzt wird. Er darf nicht höher als auf Stufe 4 eingesetzt werden, da er sonst beschädigt werden kann.

Mixtopfdeckel Nur wenn der Deckel verriegelt ist, fängt das Gerät überhaupt erst an zu arbeiten. Durch seine Öffnung kann man Zutaten im laufenden Betrieb dazugeben. Pfiffig: Er hilft auch beim Abwiegen.

Messbecher Außer beim Dämpfen mit dem Varoma-Aufsatz, wird der Messbecher bei allen Arbeitsschritten stets in den Mixtopfdeckel eingesetzt. Ausnahmen werden im entsprechenden Arbeitsschritt erwähnt.

Spatel Um den Zerkleinerungsvorgang zu unterstützen, kann der Spatel während des Zerkleinerns durch die Deckelöffnung gesteckt und im Mixtopf bewegt werden. Dadurch werden die Zutaten in das Messer

Thermomix® TM5 mit Varoma. Im Vordergrund Rühraufsatz, Messbecher und Spatel.

geschoben. Die Manschette des Spatels verhindert, dass dieser vom Mixtopfmesser erfasst wird. Der heiße Gareinsatz kann mithilfe des Hakens am Spatel sicher entnommen werden.

Gareinsatz Er wird zum Kochen oder Dampfgaren direkt in den Mixtopf eingesetzt. Die Zutaten werden nicht vom Mixmesser berührt. Außerdem kann der Gareinsatz beim Kochen ohne Messbecher (z. B. zum Reduzieren von Flüssigkeit) als Spritzschutz auf den Mixtopfdeckel gesetzt werden. Der Vorteil ist, dass die Flüssigkeit als Dampf entweichen kann, ohne dass das Gargut herausspritzt. Dient auch als Sieb.

Varoma-Behälter Der Varoma-Behälter wird zum Dämpfen von Zutaten auf den Thermomix® gesetzt. In den Rezepten steht dazu dann z. B. 20 Minuten/Varoma/Stufe 1. Eine Stufe muss immer eingestellt sein, einfach, damit der Thermomix® loslegt. Das Messer dreht sich dann ganz langsam mit, was beim Dämpfen aber keine Rolle spielt.

Varoma-Einlegeboden Auch dieser Einsatz hat Schlitze zum Dampfdurchlassen. Seine zwei passgenauen Griffe lassen ihn ganz einfach in den Varoma-Behälter einhängen. Darauf dämpft man weitere Zutaten.

Optimal dampfgaren

»Varoma« – im Namen steckt das Wort »Aroma« –, lässt im Dampf gegarte Speisen sich ihr eigenes Aroma erhalten, super lecker und gesund.

Optimal schichten Für ein optimales Ergebnis soll man die Zutaten optimal schichten. Es gilt:
    Gareinsatz: Zutaten mit der längsten Garzeit
    Varoma-Behälter: Zutaten mit mittlerer Garzeit
    Varoma-Einlegeboden: Zutaten mit der kürzesten Garzeit

Luftzirkulation Um eine gleichmäßige Dampfzirkulation zu gewährleisten, müssen nach dem Einlegen des Garguts in den Varoma-Behälter einige Schlitze am Boden frei bleiben.

Backpapier hilft Kein Kleckern aus dem Varoma-Einlegeboden! Wenn flüssige Zutaten (z. B. für ein Omlette) gedämpft werden sollen oder wenn verhindert werden soll, dass Garflüssigkeit aus dem Varoma-Einlegeboden auf die Zutaten im Varoma-Behälter heruntertropft, legt man am besten ein zugeschnittenes Backpapier ein. Die Dampfschlitze am oberen Rand des Varoma-Einlegebodens müssen dabei frei bleiben.

Funktionen

In den Rezepten werden Symbole und Stufenangaben verwendet, die das Lesen und Nachkochen der Anleitungen erleichtern:

Linkslaufzeichen Bei diesem Zeichen wird die Linkslauf-Funktion des Thermomix® verwendet. Da sich das Mixmesser hier mit der stumpfen Seite voraus dreht, wird das Gargut vermischt, aber nicht mehr, bzw. sehr weiche Zutaten nicht mehr so stark zerkleinert.
Wichtig: Wird das Zeichen im nächsten Arbeitsschritt nicht mehr angezeigt, muss der Linkslauf deaktiviert werden!

120 °C-Varoma-Zeichen Bei diesem Zeichen wird die Temperatur des TM31 auf Varoma eingestellt, beim TM5 auf 120 °C.

Knetstufe Der Teigmodus des Thermomix®, der mittels der »Knetstufe« aktiviert wird, wird bei schweren Teigen verwendet, also bei Teigen, die gut geknetet werden müssen.

Sanftrührstufe In dem Modus der »Sanftrührstufe« werden die Zutaten sehr schonend miteinander verrührt.

Zeitangaben

Bei den Rezepten werden verschiedene Zeiten angeben. Diese bedeuten:

Zubereitungszeit Diese Zeitangabe umfasst alle Arbeitsschritte, in denen aktiv am Rezept gearbeitet wird, wie z. B. das Waschen und Schälen der Zutaten.

Gesamtzeit Die Gesamtzeit umfasst die Zubereitungszeit, in der aktiv an einem Rezept gearbeitet wird, sowie die Zeit, in der der Thermomix® ohne Zutun alleine arbeitet. Wenn parallel keine Arbeitsschritte im Rezept erfolgen, sind Abkühlzeiten und Gefrierzeiten nicht mit einberechnet und werden extra angegeben.

Gar- und Rührzeiten Die Gar- und Rührzeiten sind abhängig von der Menge und Qualität der Zutaten. Abhängig von vielen Faktoren, benötigen natürliche Zutaten wie Mehle manchmal etwas mehr oder weniger Flüssigkeit als in unseren Rezepten angegeben. Auch der Reifegrad von Obst und Gemüse hat Einfluss auf Geschmack, Konsistenz und Aussehen der Speisen.

Wissenswertes über den Thermomix®

Backzeiten Backzeiten sind abhängig vom Backofen, der Größe und dem Material der Backform und vom Umstand, ob der Backofen vorgeheizt wurde oder nicht. Die Rezepte in diesem Buch schlagen vor, den Backofen vorzuheizen.

Sonstige Einflüsse Besonders kalte oder noch tiefgekühlte Zutaten verlängern die Garzeit. Auch der persönliche Geschmack bestimmt das gewünschte Resultat. Manche mögen ihr Gemüse weicher. Kein Problem! Die Garzeit kann selbstverständlich verlängert werden. Wichtig ist, bei Verwendung des Varomas, zusätzlich Flüssigkeit in den Mixtopf nachzugeben.

Reinigung des Mixtopfs

Muss der Mixtopf während eines Rezeptes gereinigt werden, geben wir diesen Schritt im Rezept vor.

Mixtopf ausspülen Bei dieser Angabe im Rezept reicht es, den Mixtopf grob mit Wasser auszuschwemmen.

Mixtopf spülen Bei dieser Angabe im Rezept muss der Mixtopf für den nächsten Arbeitsschritt komplett gereinigt und gut abgetrocknet werden.

Messer reinigen Um das Messer von Resten zu befreien, stellt man am besten 5 Sekunden/Stufe 10 ein. Die Reste lassen sich dann mit dem Spatel vom Mixtopfrand entnehmen.

Mixtopf endreinigen Der Mixtopf lässt sich am besten direkt nach dem Gebrauch reinigen. Hierzu ein paar Tropfen Geschirrspülmittel und 500 Gramm Wasser in den Mixtopf geben, auf Stufe 6 stellen und den Linkslauf mehrfach ein- und ausschalten. Bei Bedarf mit einer Bürste oder einem Spültuch nacharbeiten. Danach gut abtrocknen.

Tipps zu den Rezepten

Für viel Spaß und Freude am Thermomix® hier noch ein paar nützliche Hinweise zum richtigen Umgang mit den Lebensmitteln.

Zutaten optimal auswählen

Möglichst saisonal, regional und naturbelassen – das ist unser Credo beim Einkaufen. Die Auswahl der Zutaten richtet sich dabei natürlich nach den Rezepten. Wir bevorzugen folgende Lebensmittel:

Mehl Wenn nicht anders beschrieben, wird in diesem Kochbuch Mehl Type 405 verwendet.

Eier Alle in den Rezepten verwendeten Eier haben die Größe M.

Zucker Wenn keine andere Zuckerart angegeben ist, verwenden wir weißen Feinkristallzucker.

Milch & Milchprodukte Wir verwenden unentrahmte Vollmilch (3,5 % Fett), ungesalzene Butter – wobei für weiche Butter diese einige Zeit vor der Verarbeitung aus dem Kühlschrank genommen wird –, Vollrahmsahne mit einem Anteil von mindestens 30 % Fett und Naturjoghurt mit 3,5 % Fettanteil.

Obst Wenn möglich verwenden wir Biofrüchte, vor allem Orangen und Zitronen, bei denen die Schale Bestandteil des Rezeptes ist.

Würzmittel zum Abschmecken Wir haben alle Rezepte mit größter Sorgfalt und Mühe kreiert und abgeschmeckt. Dennoch sind Geschmäcker verschieden. Deshalb: Alle Speisen vor dem Servieren nach eigenem Gusto abschmecken! So sollten Chilischoten z. B. dem eigenen Geschmack angepasst werden. Der Schärfegrad hängt von der verwendeten Sorte ab. Wer es milder mag, entfernt bei frischen Schoten Kerne und Trennwände und verwendet nur das farbige Fruchtfleisch.

Zutaten optimal verarbeiten

Am besten legt man sich alle Zutaten und Hilfsmittel bereit, bevor man mit dem Kochen und Backen beginnt. Die Mengenangaben in den Rezepten machen das Einkaufen leicht und das Zurechtlegen der Zutaten vor dem Kochen einfach, da Putzverluste bereits in die Rezepte mit eingerechnet sind.

Wissenswertes über den Thermomix®

Wiegen Um Zutaten außerhalb des Mixtopfes zu wiegen, einfach eine Schüssel auf den Deckel des Thermomix® stellen, die Tara-Taste drücken und die Zutaten einwiegen. Feste Zutaten können auch ohne Behältnis direkt auf dem Deckel des Mixtopfes gewogen werden. Zum genauen Abwiegen kleiner Mengen, bietet es sich an, den Messbecher mit der Messöffnung nach oben in den Mixtopfdeckel zu setzen und darin einzuwiegen. Auch flüssige Zutaten werden in den Rezepten in Gramm angegeben.

Waschen Die Zutaten sollten vor der Verarbeitung im Thermomix® gründlich unter fließendem kaltem Wasser gereinigt werden, danach am besten mit Küchenpapier trockengetupft werden.

Zerkleinern Um gleichmäßig zerkleinert werden zu können, sollten die Zutaten in maximal 5 x 5 Zentimeter großen Stücken in den Thermomix® gegeben werden, also so, dass sie durch die Öffnung im Deckel passen.

Emulgieren Bei der Zubereitung einer Mayonnaise oder einer sämigen Salatsauce wird das Öl bei eingesetztem Messbecher auf den Thermomix® deckel gegossen und es träufelt dann langsam durch die Schlitze zwischen Messbecher und Mixtopfdeckel.

Tricks und Hilfsmittel

Vorsicht Bei allen Broten, Brötchen, Kuchen und Gebäckstücken bei denen ein Gefäß mit heißem Wasser beim Backvorgang in den Backofen gestellt werden gilt der Warnhinweis: Achtung! Beim Öffnen des Backofens entweicht heißer Dampf!

Überkochen verhindern Fast zum Schluss noch der folgende Tipp: Sollte bei der Kreation eigener Rezepte das Gargut im Thermomix® wider Erwarten überkochen, reduzieren Sie einfach die Temperatur auf 90 °C. Falls sich dieses Missgeschick bei einzelnen Rezepten in diesen Buch ergeben könnte, weisen wir selbstverständlich auch darauf hin. Behalten Sie den Thermomix® dann also im Auge.

Hilfsmittel Für unsere Rezepte brauchen wir immer wieder mal Backpapier, zuweilen auch Alufolie oder sonst ein besonderes Hilfsgerät wie einen Spiralschneider. Diese Angaben sowie zusätzliches Mehl oder Wasser haben wir unter »Außerdem« zusammengefasst, damit man auf einem Blick sieht, was man braucht.
Und nun: Viel Spaß beim Mixen und Genießen!

REZEPTE

FINGERFOOD

AUS DEM THERMOMIX®

Hähnchenspieße mit Teriyakisauce

Zubereitungszeit: 20 Minuten • Gesamtzeit: 45 Minuten + Ruhezeit: 2 Stunden

Zutaten für 4 große oder 8 kleine Spieße

Für die Sauce:
- 10 g Ingwer
- 40 g brauner Zucker
- 40 g Sojasauce
- 40 g Sake (japanischer Reiswein)

Für die Spieße:
- 400 g Hähnchenbrustfilet
- 1 rote Paprikaschote
- ¼ Stange Lauch
- 150 g Karotten

Zum Dämpfen:
- 400 g Gemüsebrühe

Außerdem:
- Holzspieße

1. Für die Sauce Ingwer schälen, mit Zucker in den Mixtopf geben, **10 Sekunden/Stufe 10** zerkleinern und mit dem Spatel nach unten schieben.

2. Sojasauce und Sake in den Mixtopf geben, **15 Minuten/100 °C/Stufe 1** köcheln lassen.

3. Inzwischen für die Spieße das Hähnchenbrustfilet in mundgerechte Stücke schneiden.

4. 4 Esslöffel der Sauce beiseite nehmen. Das Fleisch mit der restlichen Sauce vermischen, abdecken, in den Kühlschrank stellen und 2 Stunden marinieren lassen.

5. Paprikaschote und Lauch waschen und putzen. Karotten waschen, putzen und schälen. In mundgerechte Stücke schneiden.

6. Gemüse und Fleisch abwechselnd auf Holzspieße stecken und in den Varoma-Einlegeboden geben. Brühe in den Mixtopf geben, Varoma aufsetzen und **20 Minuten/Varoma/Stufe 1** dämpfen.

7. Spieße mit der restlichen Teriyakisauce servieren.

Info: Teriyaki ist der Name für eine japanische Sauce, die durch Einkochen von Sojasauce, Reiswein und Zucker zu einer dicklichen Konsistenz dem marinierten Fleisch Zartheit und Glanz verleiht. Wer mag, aromatisiert die Spieße mit ein paar Tropfen Limettensaft.

Tartelettes mit Käsefüllung

Zubereitungszeit: 25 Minuten • Gesamtzeit: 45 Minuten

Zutaten für 4 Tartelettes

Für den Teig:
- 120 g kalte Butter
- 250 g Mehl
- ½ TL Salz
- 1 Ei

Für die Füllung:
- 1 Handvoll Basilikumblätter
- 300 g Hüttenkäse
- 100 g Blauschimmelkäse
- ¼ TL Salz

Zum Belegen:
- 1 Tomate
- 4 Scheiben Blauschimmelkäse

Außerdem:
- Mehl zum Ausrollen
- 4 Tartelettesförmchen (Durchmesser ca. 12 cm) mit herausnehmbarem Boden

1. Für den Teig Butter in Stücke schneiden. Butterstücke, Mehl, Salz und Ei in den Mixtopf geben und **25 Sekunden/Stufe 4** vermischen. Den Teig auf einer bemehlten Arbeitsfläche ausrollen und die Tartelettesförmchen damit auskleiden.

2. Backofen auf 175 °C (Umluft 155 °C, Gas Stufe 2–3) vorheizen.

3. Für die Füllung Basilikum waschen, trockenschütteln, vier Blätter zur Seite legen und die restlichen Blätter in den Mixtopf geben. Beide Käsearten und Salz dazugeben, **25 Sekunden/Stufe 4** vermischen. Die Füllung in die Förmchen verteilen.

4. Tomate waschen und in Scheiben schneiden. Tomaten- und Käsescheiben auf die Füllung legen. Die Tartelettes auf der mittleren Schiene des Backofens 20 bis 25 Minuten backen.

5. Tartelettes aus den Formen lösen. Je ein Basilikumblatt auf das Gebäck legen.

Lachsfrikadellen mit zweierlei Dips

Zubereitungszeit: 30 Minuten • Gesamtzeit: 30 Minuten

Zutaten für 4 Portionen

Für die Frikadellen:
- 50 g frischer Spinat
- 500 g Lachsfilet
- 30 g Paniermehl
- 1 Ei
- 1 TL Salz
- ¼ TL weißer Pfeffer

Ingwer-Zitronen-Dip:
- 10 g Ingwer
- 1 Knoblauchzehe
- 2 EL Zitronensaft
- ¼ TL Salz
- 100 g Naturjoghurt (3,5 % Fett)

Honig-Senf-Dip:
- 100 g Crème fraîche
- 2 TL Sahnemeerrettich
- 1 TL Dijonsenf
- 1 TL Honig
- ¼ TL Salz

Zum Anbraten:
- Rapsöl

1. Für die Frikadellen Spinat waschen und trockenschütteln. Lachsfilet etwas klein schneiden. Spinat, Lachs, Paniermehl, Ei, Salz und Pfeffer in den Mixtopf geben und **8 Sekunden/Stufe 5** zerkleinern.

2. Mit angefeuchteten Händen aus der Masse 20 Frikadellen formen. Öl in einer Pfanne erhitzen und die Frikadellen darin auf beiden Seiten goldgelb anbraten.

3. Inzwischen für den Ingwer-Zitronen-Dip Ingwer schälen, Knoblauch abziehen und beides in den Mixtopf geben. Zitronensaft und Salz dazugeben und **8 Sekunden/Stufe 10** mixen. Joghurt dazugeben und **5 Sekunden/Stufe 3** vermischen.

4. Für den Honig-Senf-Dip alle Zutaten in den Mixtopf geben und **5 Sekunden/Stufe 4** vermischen.

5. Frikadellen mit beiden Dips anrichten.

Tipp: Die Frikadellen können auch im Varoma gedämpft werden, allerdings werden sie dann nicht knusprig.

Dreierlei Käseschnecken

Zubereitungszeit: 30 Minuten • Gesamtzeit: 50 Minuten + Ruhezeit: 1 Stunde

Zutaten für 36 Stück

Für den Teig:
- 370 g Mehl
- 1 Ei
- 40 g Rapsöl
- 120 g lauwarmes Wasser
- 10 g Essig
- ½ TL Salz

Speckfüllung:
- 1 Knoblauchzehe
- 100 g Bergkäse
- 40 g fein gewürfelter Speck

Kräuterfüllung:
- ½ Bund Petersilie
- 120 g Schafskäse

Chilifüllung:
- 120 g Emmentaler
- 2 TL Chiliflocken

Außerdem:
- Frischhaltefolie
- Backpapier
- etwas Mehl

1. Für den Teig alle Zutaten in den Mixtopf geben und zusammen **2:30 Minuten/Knetstufe** kneten. Teig in Frischhaltefolie einwickeln und 1 Stunde im Kühlschrank kühlen.

2. Für die Speckfüllung Knoblauch abziehen und Bergkäse in Stücke schneiden. Knoblauch, Käse und Speck in den Mixtopf geben, **8 Sekunden/Stufe 8** zerkleinern und beiseite geben.

3. Für die Kräuterfüllung Petersilie waschen, trockenschütteln und die Blätter abzupfen. Petersilienblätter und Käse in den Mixtopf geben, **10 Sekunden/Stufe 8** zerkleinern und beiseite geben.

4. Für die Chilifüllung Emmentaler in Stücke schneiden. Käse und Chiliflocken in den Mixtopf geben und **5 Sekunden/Stufe 5** zerkleinern.

5. Backofen auf 180 °C (Umluft 160 °C, Gas Stufe 2–3) vorheizen. Ein Backblech mit Backpapier auslegen.

6. Teig dritteln, zu Kugeln formen und auf einer bemehlten Arbeitsfläche jeweils zu einem ca. 20 x 25 Zentimeter großen Rechteck ausrollen. Je eine Füllung auf den Teig geben und glatt streichen. Jedes Stück von der langen Seite her aufrollen. Die Rollen in fingerdicke Scheiben schneiden, auf das Backblech legen und auf der mittleren Schiene des Backofens 15 bis 20 Minuten backen.

Info: Aus den angegebenen Zutatenmengen ergeben sich je 12 Stück pro Füllungsvariante.

Eiersalat im Gläschen mit Topping zur Auswahl

Zubereitungszeit: 25 Minuten • Gesamtzeit: 30 Minuten

Zutaten für 8 Gläschen

Für die Mayonnaise:
- 1 Ei
- 10 g Zitronensaft
- ½ TL Salz
- 120 g Sonnenblumenöl

Für den Salat:
- 400 g Wasser
- 8 Eier
- 2 TL Estragonsenf
- 80 g Naturjoghurt (3,5 % Fett)
- 2 Prisen schwarzer Pfeffer
- 1 Prise Zucker

Fischvariante:
- 80 g Matjesfilets
- 80 g Essiggurke
- 80 g Radieschen

Schinkenvariante:
- 70 g Emmentaler Käse
- 70 g Kochschinken
- 50 g TK-Erbsen

Tomatenvariante:
- 80 g Tomaten
- 20 g Kapern
- 12 Mozarellakugeln

Außerdem:
- 8 Gläschen (à 100 ml Inhalt)

1. Für die Mayonnaise Ei, Zitronensaft und Salz in den Mixtopf geben. Stufe 4 einstellen und das Öl bei eingesetztem Messbecher auf den Deckel gießen. Die Mayonnaise ist fertig, sobald das Öl komplett zu den übrigen Zutaten eingeträufelt ist. Zur Seite geben und in den Kühlschrank stellen. Mixtopf ausspülen.

2. Für den Salat Wasser in den Mixtopf füllen, Eier in den Gareinsatz legen, diesen in den Mixtopf geben und die Eier 15 Minuten/Varoma/Stufe 1 kochen.

3. Inzwischen eines der drei Toppings vorbereiten. Für die Fischvariante Matjesfilets und Essiggurken würfeln, Radieschen waschen, putzen und vierteln. Für die Schinkenvariante Käse in kleine Würfelchen schneiden, Schinken in Streifen schneiden und Erbsen in der Mikrowelle auftauen. Für die Tomatenvariante Tomaten waschen und in kleine Stücke schneiden.

4. Die gekochten Eier sofort unter fließendem kaltem Wasser abspülen und schälen. Mixtopf spülen.

5. Eier, Mayonnaise, Senf, Joghurt, Pfeffer und Zucker in den Mixtopf geben und 4 Sekunden/Stufe 3 verrühren.

6. Zum Fertigstellen Salat in Gläschen füllen und wahlweise Matjesfilet, Essiggurken und Radieschen oder Käse, Schinken und Erbsen bzw. Tomaten, Kapern und Mozarellakugeln darübergeben.

REZEPTE

SALATE

AUS DEM THERMOMIX®

Salate aus dem Thermomix®

Kürbis-Rote-Bete-Salat

Zubereitungszeit: 20 Minuten • Gesamtzeit: 20 Minuten

Zutaten für 4 Portionen

- 1 Zwiebel
- 600 g Hokkaido (Kürbis)
- 50 g Rapsöl
- 100 g Feldsalat
- ¼ Zitrone
- 1 TL Honig
- 1 ½ TL Salz
- 1 TL mittelscharfer Senf
- 40 g roter Aceto balsamico
- 400 g Rote Bete
- 50 g Cashewkerne

Außerdem:
- 4 Gläser (à 400 ml Inhalt)

1. Zwiebel abziehen und halbieren. Kürbis waschen, entkernen, schälen und klein schneiden. Beides in den Mixtopf geben und mithilfe des Spatels **5 Sekunden/Stufe 5** zerkleinern.

2. Öl dazugeben, **4 Minuten/120° aroma/Stufe 1** dünsten und beiseite geben.

3. Inzwischen Feldsalat waschen und putzen.

4. Zitrone auspressen. Zitronensaft, Honig, Salz, Senf und Essig in den Mixtopf geben und **10 Sekunden/Stufe 5** mixen.

5. Rote Bete putzen, schälen und in Viertel schneiden. Rote Bete und Cashewkerne in den Mixtopf geben und mithilfe des Spatels **4 Sekunden/Stufe 5** zerkleinern.

6. In vier Gläser Rote Bete und Kürbis schichten. Mit Feldsalat bedecken.

Tipp: Die Schale beim Hokkaido kann man mitverwenden, jedoch ist sie etwas hart. Zudem ist es wichtig, sie gründlich abzuwaschen.

Tipp: Da die Rote Bete stark abfärbt, empfiehlt es sich, beim Verarbeiten Handschuhe zu tragen. Es gibt Rote Bete auch geschält in Vakuumverpackung zu kaufen.

Rohkostsalat mit Joghurtdressing

Zubereitungszeit: 15 Minuten • Gesamtzeit: 15 Minuten

Zutaten für 4 Portionen

Für den Salat:
- 1 kleine Zwiebel
- 150 g Karotten
- 5 Radieschen
- 250 g Brokkoliröschen
- 1 rote Paprikaschote
- 1 Apfel

Für das Dressing:
- 60 g Naturjoghurt
- 30 g Olivenöl
- 15 g Apfelessig
- Salz, schwarzer Pfeffer

1. Für den Salat Zwiebel abziehen und halbieren. Karotten schälen und in Stücke schneiden. Radieschen und Brokkoli waschen und putzen. Paprikaschote und Apfel waschen, vierteln und Kerngehäuse entfernen. Gemüse und Apfel in den Mixtopf geben.

2. Für das Dressing alle Zutaten in den Mixtopf geben und mithilfe des Spatels **7 Sekunden/Stufe 4** zerkleinern.

3. Den Salat auf Tellern anrichten.

Tipp: 40 Gramm geröstete, gesalzene Erdnüsse in Schritt 3 dazugeben, dann aber kein Salz mehr verwenden.

Nudelsalat mit Tomatenpesto

Zubereitungszeit: 10 Minuten • Gesamtzeit: 20 Minuten + Ziehzeit: 30 Minuten

Zutaten für 4 Portionen

- 1200 g Wasser
- 1 TL Salz
- 400 g Farfalle
- 1 Knoblauchzehe
- 60 g Pecorino
- 1 Handvoll Basilikumblätter
- 30 g getrocknete Tomaten
- 10 g Pinienkerne
- 30 g Weißweinessig
- 130 g Olivenöl

1. Wasser in den Mixtopf geben und in **10 Minuten/100 °C/Stufe 1** zum Kochen bringen.

2. Salz und Farfalle in den Mixtopf geben und ohne eingesetzten Messbecher **Zeit nach Packungsangabe/100 °C/↺/Stufe 1** kochen. Nudeln abseihen und beiseite geben. Mixtopf trocknen.

3. Für das Pesto Knoblauch abziehen. Knoblauch und Pecorino in den Mixtopf geben und **10 Sekunden/Stufe 10** zerkleinern.

4. Basilikumblätter waschen und trockenschütteln. Basilikum, Tomaten, Pinienkerne, Essig und Öl in den Mixtopf geben und **10 Sekunden/Stufe 7** mixen.

5. Pesto und Nudeln vermengen. 30 Minuten durchziehen lassen.

Spargelsalat mit Schinken

Zubereitungszeit: 20 Minuten • Gesamtzeit: 45 Minuten

Zutaten für 4 Portionen

- 40 g Parmesan

Für den Salat:
- 400 g weißer Spargel
- 400 g grüner Spargel
- 600 g Wasser zum Dämpfen
- 15 Kirschtomaten
- 100 g mild geräucherter Schinken, in dünnen Scheiben
- schwarzer Pfeffer

Für die Marinade:
- 4 Zweige Petersilie
- 1 EL Zitronensaft
- 30 g weißer Aceto balsamico
- 30 g Rapsöl
- 1 TL Salz

1. Den Parmesan in Stücke schneiden, in den Mixtopf geben, **8 Sekunden/Stufe 10** reiben und beiseite geben.

2. Für den Salat Spargel waschen. Weißen Spargel komplett schälen, die holzigen Enden abschneiden, die Stangen in mundgerechte Stücke schneiden und in den Varoma-Behälter geben. Wasser zum Dämpfen in den Mixtopf geben und Varoma-Behälter aufsetzen. Spargel **20 Minuten/Varoma/Stufe 1** dämpfen.

3. Inzwischen grünen Spargel nur im unteren Drittel schälen, eventuell vorhandene holzige Enden abschneiden und die Stangen in mundgerechte Stücke schneiden.

4. Grünen Spargel in den Varoma-Behälter dazugeben und **10 Minuten/Varoma/Stufe 1** mitdämpfen.

5. Inzwischen Tomaten waschen und vierteln. Schinken in schmale Streifen schneiden.

6. Varoma-Behälter beiseite stellen und Spargel abkühlen lassen. Wasser aus dem Mixtopf ausleeren.

7. Für die Marinade Petersilie waschen, trockenschütteln und die Blättchen abzupfen. Mit Zitronensaft, Essig, Öl und Salz in den Mixtopf geben und **10 Sekunden/Stufe 6** mixen.

8. Spargel mit Tomaten und Schinken auf Tellern anrichten, die Marinade darübergeben und 15 Minuten durchziehen lassen. Mit Parmesan und Pfeffer bestreuen.

Avocadosalat mit Mangodressing und Shrimps

Zubereitungszeit: 15 Minuten • Gesamtzeit: 15 Minuten

Zutaten für 4 Portionen

Für den Salat:
- 1 Schalotte
- 2 Avocados
- 2 EL Limettensaft
- 120 g Blattsalatmix
- ½ Kästchen Kresse
- 100 g Shrimps, küchenfertig

Für das Dressing:
- ½ Mango
- 30 g Apfelessig
- ½ TL Salz
- 1 Prise weißer Pfeffer
- 80 g Olivenöl

1. Für den Salat Schalotte abziehen, halbieren, in den Mixtopf geben, **3 Sekunden/Stufe 5** zerkleinern und beiseite geben.

2. Für das Dressing das Mangofruchtfleisch von Schale und Kern lösen. Mango, Essig, Salz und Pfeffer in den Mixtopf geben und **20 Sekunden/Stufe 8** pürieren. **Stufe 4** einstellen und das Öl bei eingesetztem Messbecher auf den Deckel gießen. Sobald das Öl komplett eingeträufelt ist, Thermomix® abschalten.

3. Avocados halbieren, Kerne herauslösen, Fruchtfleisch mit einem Esslöffel herausnehmen und in Würfel schneiden. Sofort mit Limettensaft beträufeln.

4. Blattsalat waschen und putzen. Kresse abschneiden. Blattsalat, Kresse, Avocado, Schalotten und Shrimps anrichten. Das Mangodressing darübergeben.

Joghurt-Minze-Dressing

Zubereitungszeit: 10 Minuten • Gesamtzeit: 10 Minuten

Zutaten für 4 Portionen

- ½ Bund Minze
- 1 Knoblauchzehe
- 1 unbehandelte Limette
- 200 g Naturjoghurt (3,5 % Fett)
- 40 g Olivenöl
- 1 TL Honig
- 1 TL Salz
- ½ TL weißer Pfeffer

1. Minze waschen, trockenschütteln und Blättchen abzupfen. Knoblauch abziehen. Limettenschale heiß abwaschen und ein ca. 1 x 2 Zentimeter großes Stück Limettenschale abschneiden. Diese drei Zutaten in den Mixtopf geben.

2. Limettensaft auspressen. 1 Esslöffel Limettensaft, Joghurt, Öl, Honig, Salz und Pfeffer in den Mixtopf geben und **15 Sekunden/Stufe 8** mixen.

Orangen-Meerrettich-Dressing

Zubereitungszeit: 10 Minuten • Gesamtzeit: 10 Minuten

Zutaten für 4 Portionen

- 2 unbehandelte Orangen
- 50 g Frischkäse
- 30 g Rapsöl
- 20 g Sahnemeerrettich
- 10 g Tomatenmark
- ½ TL Salz
- 1 Prise Zucker

1. Eine Orange heiß abwaschen, ein ca. 1 x 2 Zentimeter großes Stück Orangenschale abschneiden und in den Mixtopf geben.

2. Beide Orangen auspressen. Orangensaft, Käse, Öl, Meerrettich, Tomatenmark, Salz und Zucker in den Mixtopf geben und **15 Sekunden/Stufe 8** mixen.

Kräuterdressing

Zubereitungszeit: 5 Minuten • Gesamtzeit: 5 Minuten

Zutaten für 4 Portionen

- 1 Schalotte
- 1 Handvoll frische Kräuter (z. B. Petersilie, Dill, Majoran)
- 30 g Weißweinessig
- 120 g Olivenöl
- 1 Prise Zucker
- 2 Prisen Bockshornkleesaat, gemahlen
- 1 TL Salz
- ½ TL weißer Pfeffer

1. Schalotte abziehen, halbieren, in den Mixtopf geben und **3 Sekunden/Stufe 5** zerkleinern.

2. Kräuter waschen, trockenschütteln und Blättchen abzupfen. Kräuter, Essig, Olivenöl, Zucker und Gewürze in den Mixtopf geben und **6 Sekunden/Stufe 8** mixen.

Apfeldressing

Zubereitungszeit: 10 Minuten • Gesamtzeit: 10 Minuten

Zutaten für 4 Portionen

- 1 Apfel
- 3 Zweige Dill
- 1 Frühlingszwiebel
- 1 TL Honig
- 30 g Apfelessig
- 1 TL Senf
- ½ TL Salz
- 20 g Apfelsaft
- 120 g Walnussöl

1. Apfel schälen, vierteln und Kerngehäuse entfernen. Dill waschen, trockentupfen, die dicken Stängel entfernen und die Dillblättchen abzupfen. Frühlingszwiebel waschen, putzen und in Stücke schneiden. Apfel, Dill und Frühlingszwiebel in den Mixtopf geben, **4 Sekunden/Stufe 4** zerkleinern und mit dem Spatel nach unten schieben.

2. Honig, Essig, Senf, Salz und Apfelsaft in den Mixtopf geben und **5 Sekunden/Stufe 7** zerkleinern. **Stufe 4** einstellen und das Öl bei eingesetztem Messbecher auf den Deckel gießen. Das Dressing ist fertig, sobald das Öl komplett zu den übrigen Zutaten eingeträufelt ist.

REZEPTE

SUPPEN

AUS DEM THERMOMIX®

Gulaschsuppe

Zubereitungszeit: 15 Minuten • Gesamtzeit: 45 Minuten

Zutaten für 4 Portionen

- 1 Knoblauchzehe
- 2 Zwiebeln
- 300 g Rindergulasch
- 20 g Butter
- 300 g mehligkochende Kartoffeln
- 1 rote Paprikaschote
- 1 gelbe Paprikaschote
- 30 g Tomatenmark
- 50 g Rotwein
- 1 EL roter Aceto balsamico
- 700 g Rinderbrühe
- 2 EL edelsüßes Paprikapulver
- 1 TL Cumin (Kreuzkümmel), gemahlen
- 1 TL Zucker
- 1 TL Salz
- ½ TL schwarzer Pfeffer

Zum Bestreuen:
- 1 TL unbehandelte Zitronenschale, fein gerieben

1. Knoblauch abziehen, in den Mixtopf geben und **3 Sekunden/Stufe 8** zerkleinern.

2. Zwiebeln abziehen, halbieren, in den Mixtopf geben und **6 Sekunden/Stufe 5** zerkleinern.

3. Fleisch in kleine, ca. 1,5 Zentimeter große Würfel schneiden. Fleischwürfel und Butter in den Mixtopf geben und **5 Minuten/120° Varoma/ /Stufe 1** andünsten.

4. Inzwischen Kartoffeln waschen, schälen und in sehr kleine, ca. 1 Zentimeter große Würfel schneiden. Paprikaschoten waschen, putzen und würfeln. Beides in den Mixtopf geben.

5. Tomatenmark, Wein, Essig, Brühe und Gewürze dazugeben und **30 Minuten/100 °C/ /Stufe 1** kochen.

6. Zitronenschale dazugeben und **10 Sekunden/ /Stufe 2** vermischen und abschmecken.

Tipp: Die Minibrotlaibe von Seite 116 aushöhlen und die Gulaschsuppe darin servieren.

Limetten-Kabeljau-Eintopf

Zubereitungszeit: 20 Minuten • Gesamtzeit: 40 Minuten

Zutaten für 4 Portionen

- 1 TL Fenchelsamen
- 2 Knoblauchzehen
- 1 rote Zwiebel
- 200 g Lauch
- 2 TL Tomatenmark
- 20 g Olivenöl
- 200 g Karotten
- 50 g trockener Weißwein
- 500 g Gemüsebrühe
- 500 g Kabeljaufilet
- 30 g Limettensaft
- 50 g Sahne
- ½ TL Zucker
- 1 TL Salz
- ¼ TL Cayennepfeffer

1. Fenchelsamen in den Mixtopf geben und **10 Sekunden/Stufe 10** mahlen.

2. Knoblauch abziehen, in den Mixtopf geben und **3 Sekunden/Stufe 8** hacken.

3. Zwiebel abziehen und halbieren. Lauch putzen und klein schneiden. Zwiebel und Lauch in den Mixtopf geben, **4 Sekunden/Stufe 7** zerkleinern und mit dem Spatel nach unten schieben.

4. Tomatenmark und Öl dazugeben und **4 Minuten/120°/Stufe 1** dünsten.

5. Inzwischen Karotten waschen, putzen, schälen und in Stücke schneiden. In den Mixtopf geben und **5 Sekunden/Stufe 4** zerkleinern.

6. Weißwein und Gemüsebrühe in den Mixtopf geben und **15 Minuten/100 °C/Stufe 1** garen.

7. Inzwischen Kabeljau in ca. 2 Zentimeter große Stücke schneiden. Kabeljau, Limettensaft, Sahne, Zucker, Salz und Cayennepfeffer in den Mixtopf geben und **8 Minuten/90 °C/Stufe 1** gar ziehen lassen.

Cremige Gemüsesuppe

Zubereitungszeit: 15 Minuten • Gesamtzeit: 35 Minuten

Zutaten für 4 Portionen

- 1 Knoblauchzehe
- 1 Gemüsezwiebel
- 30 g Butter
- 300 g Süßkartoffeln
- 200 g Brokkoliröschen
- 150 g Lauch
- 1 rote Paprikaschote
- 500 g Gemüsebrühe
- 1 Prise frisch geriebene Muskatnuss
- ½ TL Kurkuma, gemahlen
- 1 TL Salz
- ¼ TL weißer Pfeffer
- 150 g Crème fraîche

1. Knoblauch abziehen, in den Mixtopf geben und 3 Sekunden/Stufe 8 zerkleinern.

2. Gemüsezwiebel abziehen, vierteln, in den Mixtopf geben und 5 Sekunden/Stufe 5 zerkleinern.

3. Butter in den Mixtopf geben und 3 Minuten/120° Varoma/Stufe 1 andünsten.

4. Inzwischen Süßkartoffeln schälen und in Stücke schneiden. Brokkoli und Lauch waschen, putzen und in Stücke schneiden, Paprikaschote waschen, vierteln und putzen. Gemüse in den Mixtopf geben und mithilfe des Spatels 5 Sekunden/Stufe 5 zerkleinern.

5. Alles zusammen 7 Minuten/120° Varoma/Stufe 1 andünsten.

6. Brühe, Muskatnuss, Kurkuma, Salz und Pfeffer in den Mixtopf geben und 15 Minuten/100 °C/Stufe 1 garen.

7. Crème fraîche dazugeben und 30 Sekunden/Stufe 6–8–10 ansteigend pürieren.

Suppen aus dem Thermomix®

Tom-Kha-Gai-Suppe

Zubereitungszeit: 20 Minuten • Gesamtzeit: 40 Minuten

Zutaten für 4 Portionen

- 10 g Ingwer
- 1 Frühlingszwiebel
- 20 g Erdnussöl
- 20 g Tom-Kha-Paste (Asienladen)
- 400 g Hähnchenbrustfilet
- 200 g Champignons
- 1 Stängel Zitronengras
- 120 g Bambussprossen
- 800 g ungesüßte Kokosmilch
- 200 g Hühnerbrühe
- ½ TL Salz
- 80 g Mungobohnensprossen
- ½ Bund Koriandergrün
- 20 g Limettensaft

1. Ingwer schälen, in den Mixtopf geben und **8 Sekunden/Stufe 3** zerkleinern.

2. Frühlingszwiebel waschen, putzen, in Stücke schneiden, in den Mixtopf geben und **5 Sekunden/Stufe 5** zerkleinern.

3. Erdnussöl und Tom-Kha-Paste dazugeben und **3 Minuten/120° aroma/Stufe 1** andünsten.

4. Inzwischen Hähnchenbrustfilet in Streifen schneiden. Champignons putzen. Vom Zitronengras die äußeren, harten Blätter entfernen und die Stängel längs halbieren. Fleisch, Pilze, Zitronengras, Bambussprossen, Kokosmilch, Brühe und Salz in den Mixtopf geben und **20 Minuten/100 °C/↺/Stufe 1** kochen.

5. Inzwischen Mungobohnensprossen und Koriandergrün waschen.

6. Zitronengras entfernen. Mungobohnensprossen und Limettensaft in den Mixtopf geben und **10 Sekunden/↺/Stufe 1** verrühren.

7. Die Suppe anrichten und mit Koriandergrün bestreuen.

Beerenbowl

Zubereitungszeit: 10 Minuten • Gesamtzeit: 10 Minuten

Zutaten für 4 Portionen

Für die Kaltschale:
- 30 g Zucker
- 400 g gemischte Beeren (z. B. Heidelbeeren, Himbeeren, Erdbeeren, Brombeeren)
- 1 Banane
- 1 Vanilleschote
- 100 g Sahnejoghurt (10 % Fett)
- 500 g Kirschsaft

Zum Garnieren:
- 50 g Zartbitterkuvertüre, gekühlt
- 50 g Haselnüsse
- frische Minzeblätter

1. Für die Garnitur Kuvertüre in Stücke brechen, in den Mixtopf geben, **4 Sekunden/Stufe 7** zerkleinern und beiseite geben.

2. Haselnüsse in den Mixtopf geben, **2 Sekunden/Stufe 6** zerkleinern und beiseite stellen. Minze waschen und trockenschwenken.

3. Für die Kaltschale Zucker in den Mixtopf geben und **7 Sekunden/Stufe 10** mahlen.

4. Beeren bei Bedarf waschen und ein paar beiseite legen. Banane schälen. Vanilleschote der Länge nach aufschneiden und das Mark herauskratzen. Beeren, Banane, Vanillemark, Joghurt und Kirschsaft in den Mixtopf geben und **10 Sekunden/Stufe 8** pürieren.

5. Anrichten und mit den beiseite gelegten Früchten, Kuvertüre, Nüssen und Minze garnieren.

Tipp: Je nach Säuregehalt der Früchte am Schluss mit Zucker abschmecken.

Tipp: Außerhalb der Saison empfehlen wir tiefgekühlte Beeren. Diese antauen lassen oder bei Bedarf etwas länger pürieren.

REZEPTE

FLEISCH

AUS DEM THERMOMIX®

Fleisch aus dem Thermomix®

Hähnchencurry mit Reis

Zubereitungszeit: 30 Minuten • Gesamtzeit: 55 Minuten

Zutaten für 4 Portionen

Für den Reis:
- 1000 g Wasser
- 1 TL Salz
- 10 g Olivenöl
- 250 g Basmatireis

Für das Curry:
- 2 Knoblauchzehen
- 10 g Ingwer
- 1 Zwiebel
- 200 g Karotten
- 1 rote Paprikaschote
- 1 gelbe Paprikaschote
- 200 g Brokkoliröschen
- 2 Frühlingszwiebeln
- 30 g Rapsöl
- 10 g Tomatenmark
- ½ TL brauner Zucker
- 2 EL Currypulver
- ½ TL Cayennepfeffer
- 1 TL Salz
- 250 g Hühnerbrühe
- 350 g Kokosmilch
- 400 g Hähnchenbrustfilet
- 4 Zweige Koriandergrün
- 1 TL Limettensaft

1. Wasser, Salz und Öl in den Mixtopf geben. Reis in den Gareinsatz geben, unter fließendem Wasser abspülen und abtropfen lassen. Gareinsatz einhängen und den Reis **20 Minuten/100 °C/Stufe 1** garen.

2. Inzwischen Knoblauch abziehen und Ingwer schälen. Zwiebel abziehen und halbieren. Gemüse waschen, Karotten schälen, Paprikaschoten und Brokkoli putzen und alles in mundgerechte Stücke schneiden. Frühlingszwiebeln waschen, putzen und in Ringe schneiden.

3. Reis herausnehmen und warm halten. Wasser ausleeren. Knoblauch und Ingwer in den Mixtopf geben und **3 Sekunden/Stufe 8** zerkleinern.

4. Zwiebel und Karotten in den Mixtopf geben, **4 Sekunden/Stufe 5** zerkleinern und mit dem Spatel nach unten schieben.

5. Öl, Tomatenmark und Zucker in den Mixtopf geben und **5 Minuten/Varoma/Stufe 1** andünsten.

6. Paprika, Brokkoli, Frühlingszwiebeln, Currypulver, Cayennepfeffer, Salz, Hühnerbrühe und Kokosmilch in den Mixtopf geben und **10 Minuten/100 °C/↺/Stufe 1** garen.

7. Inzwischen Hähnchenbrustfilet in dünne Streifen schneiden. Hähnchenstreifen in den Mixtopf geben, **10 Minuten/↺/Stufe 1** garen.

8. Koriandergrün waschen, trockenschütteln und Blätter abzupfen.

9. Limettensaft in den Mixtopf geben und **4 Sekunden/↺/Stufe 4** vermischen.

10. Hähnchencurry anrichten und mit Koriandergrün garnieren. Reis dazu servieren.

Gebratene Nudeln mit Schweinefilet

Zubereitungszeit: 25 Minuten • Gesamtzeit: 25 Minuten

Zutaten für 4 Portionen

- 250 g Mie-Nudeln (asiatische Eiernudeln)
- 1 rote Paprikaschote
- 3 Frühlingszwiebeln

Für die Sauce:
- 1 kleine Chilischote
- 1 Knoblauchzehe
- 20 g Ingwer
- 40 g Rapsöl
- 10 g Fischsauce
- 30 g Sojasauce
- 20 g Zitronensaft
- 70 g Kokosmilch
- ¼ TL Salz

Für das Fleisch:
- 200 g Schweinefilet
- 20 g Öl

1. Nudeln nach Packungsanweisung garen.

2. Inzwischen Paprikaschote waschen, putzen und in Streifen schneiden. Frühlingszwiebeln waschen, putzen und in Ringe schneiden. Beides beiseite geben.

3. Für die Sauce Chilischote waschen, halbieren, Kerne entfernen und das Fruchtfleisch in den Mixtopf geben. Knoblauch abziehen, Ingwer schälen, beides in den Mixtopf geben, **7 Sekunden/ Stufe 5** zerkleinern und mit dem Spatel nach unten schieben.

4. Öl dazugeben und **2 Minuten/120°/aroma/Sanftrührstufe** dünsten.

5. Fischsauce, Sojasauce, Zitronensaft, Kokosmilch und Salz in den Mixtopf geben, **4 Minuten/90 °C/Stufe 2** erhitzen.

6. Inzwischen Schweinefilet in ca. 1 Zentimeter dünne Streifen schneiden. Öl in einer Pfanne erhitzen und das Fleisch darin scharf anbraten.

7. Nudeln, Paprika und Frühlingszwiebeln dazugeben und mitanbraten. Herd abschalten. Sauce aus dem Mixtopf dazugeben und gut vermischen.

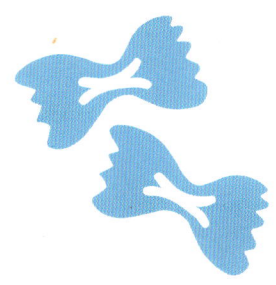

Fleisch aus dem Thermomix®

Ravioli mit Salbeibutter

Zubereitungszeit: 1 Stunde 15 Minuten • Gesamtzeit: 1 Stunde 15 Minuten

Zutaten für 4 Portionen

Für die Nudeln:
- 300 g Mehl
- 3 Eier
- 30 g Olivenöl
- 10 g Tomatenmark
- 1 TL Salz

Für die Füllung:
- 50 g Pecorino
- 1 Knoblauchzehe
- 2 Zwiebeln
- 10 g Olivenöl
- 250 g ungebrühtes Bratwurstbrät (vom Metzger bzw. aus rohen Bratwürsten gedrückt)
- 2 EL Tomatenmark

Für die Salbeibutter:
- 10 Salbeiblätter
- 100 g Butter
- 1 Prise Salz

Außerdem:
- Mehl für die Arbeitsfläche
- reichlich Wasser
- 4 TL Salz

1. Für den Teig alle Zutaten in den Mixtopf geben und 3 Minuten/Knetstufe kneten. Teig zu einer glatten Kugel formen, abdecken und bei Zimmertemperatur 30 Minuten ruhen lassen.

2. Inzwischen für die Füllung den Pecorino in den Mixtopf geben, 7 Sekunden/Stufe 10 reiben und beiseite geben.

3. Knoblauch abziehen, in den Mixtopf geben und 3 Sekunden/Stufe 8 hacken.

4. Zwiebeln abziehen, vierteln, in den Mixtopf geben, 5 Sekunden/Stufe 5 hacken und mit dem Spatel nach unten schieben.

5. Öl, Bratwurstbrät, Tomatenmark und 30 Gramm Pecorino dazugeben und 5 Minuten/Varoma/Stufe 1 garen. In den Gareinsatz geben und abtropfen lassen.

6. Teig portionsweise auf einer leicht bemehlten Arbeitsfläche von Hand oder in einer Nudelmaschine in große, 2 bis 3 Millimeter dünne Platten ausrollen und mit einem Glas von ca. 5 Zentimeter Durchmesser Kreise ausstechen (Bild 1). Jeweils in die Mitte 1 Teelöffel Füllung geben (Bild 2), die Kreise zusammenklappen und die Ränder mit einer Gabel zusammendrücken (Bild 3).

7. Auf dem Herd in einem großen Topf Wasser und Salz zum Kochen bringen, die Ravioli einlegen und in ca. 3 Minuten bissfest garen.

8. Inzwischen für die Sauce die Salbeiblätter waschen. Salbeiblätter, Butter und Salz in den Mixtopf geben und 4 Minuten/120°/Sanftrührstufe schmelzen lassen.

9. Ravioli mit der Salbeibutter übergießen und mit dem restlichen Pecorino bestreuen.

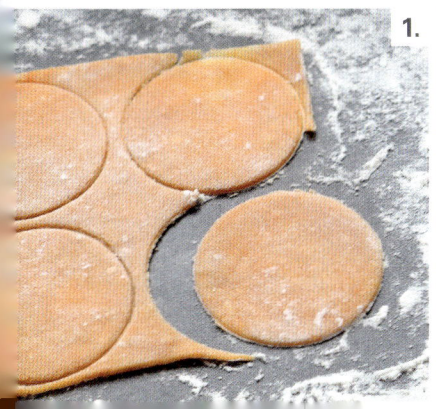

1. 2. 3.

Köttbullar mit Karotten-Kartoffel-Püree

Zubereitungszeit: 30 Minuten • Gesamtzeit: 1 Stunde

Zutaten für 4 Portionen

Für die Frikadellen:
- 1 Zwiebel
- 10 g Butter
- 500 g Hackfleisch vom Rind
- 1 Ei
- 30 g Paniermehl
- 10 g Dijonsenf
- 1 Prise Zucker
- 1 TL Salz
- ¼ TL schwarzer Pfeffer

Für das Püree:
- 450 g mehligkochende Kartoffeln
- 250 g Karotten
- 250 g Milch
- 20 g Butter
- ½ TL Salz
- geriebene Muskatnuss

Für die Sauce:
- 150 g Garflüssigkeit (ergibt sich)
- 100 g Sahne
- 2 TL Stärke
- 1 Prise Cayennepfeffer
- ¼ TL edelsüßes Paprikapulver
- geriebene Muskatnuss
- Salz, Pfeffer

Außerdem:
- 500 g Wasser zum Dämpfen

1. Für die Frikadellen Zwiebel abziehen, halbieren, in den Mixtopf geben, 3 Sekunden/Stufe 5 zerkleinern und mit dem Spatel nach unten schieben.

2. Butter in den Mixtopf geben und 3 Minuten/120°/Varoma/Stufe 1 andünsten.

3. Hackfleisch, Ei, Paniermehl, Senf, Zucker, Salz und Pfeffer in den Mixtopf geben und 1 Minute/Stufe 4 verrühren. Mit angefeuchteten Händen kleine Bällchen von ca. 4 Zentimeter Durchmesser formen und in den Varoma-Einlageboden legen. Mixtopf spülen.

4. Wasser zum Dämpfen in den Mixtopf geben. Kartoffeln und Karotten schälen, Kartoffeln in Stücke schneiden, Karotten in dünne Scheiben schneiden und in den Gareinsatz geben. Gareinsatz einsetzen, Varoma aufsetzen und 25 Minuten/Varoma/Stufe 1 garen. Köttbullar beiseite geben und warm halten. Gemüse beiseite geben. Garflüssigkeit aufheben.

5. Milch, Butter, Salz und Muskatnuss in den Mixtopf geben und 4 Minuten/100 °C/Stufe 2 erwärmen. Den Mixtopf dabei beobachten und vor dem Überkochen die Temperatur auf 90 °C reduzieren.

6. Die Karotten und die Kartoffeln dazugeben und 30 Sekunden/Stufe 4 pürieren. Püree warm stellen und Mixtopf ausspülen.

7. Für die Sauce 150 Gramm Garflüssigkeit in den Mixtopf zurückgeben. Sahne, Stärke und Gewürze zufügen, 2 Minuten/100 °C/Stufe 2 aufkochen. Mit Salz und Pfeffer würzen.

8. Köttbullar mit dem Püree und der Sauce auf Tellern anrichten.

Tipp: Wer mag, wählt Wildpreiselbeeren als Beilage.

Fleisch aus dem Thermomix®

Fitnesshähnchen

Zubereitungszeit: 20 Minuten • Gesamtzeit: 45 Minuten + Kühlzeit: 2 Stunden

Zutaten für 4 Portionen

- 50 g Parmesan

Gewürzmischung:
- 1 TL Salz
- 2 TL brauner Zucker
- 2 TL getrockneter Thymian
- ½ TL getrocknete Zitronenschale
- ½ TL schwarzer Pfeffer
- 2 Knoblauchzehen

Für das Fleisch:
- 400 g Hähnchenbrustfilet

Für das Gemüse:
- 500 g Gemüsebrühe
- 400 g Brokkoliröschen
- 200 g Cocktailtomaten
- 1 orange Paprikaschote

Für die Sauce:
- 200 g Garflüssigkeit (ergibt sich)
- 2 TL Stärke
- 30 g kaltes Wasser
- 1 Prise getrocknete Zitronenschale
- 50 g Frischkäse
- 50 g Hüttenkäse
- Salz
- Pfeffer

Außerdem:
- Backpapier

1. Den Parmesan in Stücke schneiden, in den Mixtopf geben, **7 Sekunden/Stufe 10** reiben und beiseite geben.

2. Für die Gewürzmischung Salz, Zucker, Thymian, Schale und Pfeffer in den Mixtopf geben, **10 Sekunden/Stufe 10** mahlen.

3. Knoblauch abziehen, dazugeben und **4 Sekunden/Stufe 8** zerkleinern.

4. Hähnchenbrustfilet in ca. 1 Zentimeter dicke Stücke schneiden und mit der Gewürzmischung einreiben. Abdecken und für mindestens 2 Stunden in den Kühlschrank geben.

5. Gemüsebrühe in den Mixtopf geben, Brokkoliröschen und Cocktailtomaten waschen und in den Varoma-Behälter legen. Paprikaschote waschen, putzen, in Streifen schneiden und in den Varoma-Behälter legen. Backpapier zuschneiden, Varoma-Einlegeboden damit auslegen, Hähnchenscheiben darauflegen und **20 Minuten/Varoma/Stufe 1** dämpfen.

6. Varoma beiseite stellen, Garflüssigkeit in ein Gefäß geben und 200 Gramm in den Mixtopf zurückgeben. Stärke mit kaltem Wasser verrühren, mit Zitronenschale, Frischkäse, Hüttenkäse und 30 Gramm Parmesan in den Mixtopf geben und alles **4 Minuten/100 °C/Stufe 3** erwärmen. Sauce mit Salz und Pfeffer abschmecken.

7. Gemüse anrichten, mit Sauce übergießen, Hähnchenscheiben auflegen und mit dem restlichen Parmesan bestreuen.

Tipp: Die Würzmischung ist auch super als Marinade für Grillfleisch geeignet – einfach mit etwas Öl anmischen.

Würstchen-Eintopf

Zubereitungszeit: 20 Minuten • Gesamtzeit: 40 Minuten

Zutaten für 4 Portionen

- 1 rote Zwiebel
- 100 g Speck
- 20 g Rapsöl
- 300 g Karotten
- 1 Petersilienwurzel
- 50 g Knollensellerie
- 300 g vorwiegend festkochende Kartoffeln
- 1000 g Gemüsebrühe
- 10 g weißer Aceto balsamico
- ½ TL Zucker
- ½ TL Salz
- ¼ TL schwarzer Pfeffer
- 400 g Wiener Würstchen

1. Die Zwiebel abziehen, in den Mixtopf geben und 3 Sekunden/Stufe 5 zerkleinern.

2. Speck würfeln. Speckwürfel und Öl in den Mixtopf geben und 3 Minuten/Varoma/Stufe 1 andünsten.

3. Karotten, Petersilienwurzel, Sellerie und Kartoffeln waschen, putzen, schälen und in kleine Würfel schneiden. Gemüse, Kartoffeln, Brühe, Essig, Zucker, Salz und Pfeffer in den Mixtopf geben und 20 Minuten/100 °C/⟲/Sanftrührstufe kochen.

4. Inzwischen Würstchen in mundgerechte Stücke schneiden. Wurststücke in den Mixtopf geben und 3 Minuten/100 °C/⟲/Sanftrührstufe kochen.

Gefüllte Paprika

Zubereitungszeit: 25 Minuten • Gesamtzeit: 1 Stunde + Marinierzeit: 2 Stunden

Zutaten für 4 Portionen

- 2 rote Paprikaschoten
- 2 gelbe Paprikaschoten

Für die Füllung:
- 400 g Putenbrustfilet
- 1 TL Stärke
- 20 g Sojasauce
- 1 Knoblauchzehe
- 1 Zwiebel
- 20 g Rapsöl

Für den Reis:
- 1200 g Gemüsebrühe
- 10 g Olivenöl
- 250 g Langkornreis

Für die Sauce:
- 100 g Champignons
- 300 g Garflüssigkeit (ergibt sich)
- 20 g Stärke
- 50 g Wasser
- 100 g Sahne
- 1 TL Sojasauce
- ¼ TL Pfeffer

1. Für die Füllung Fleisch in etwa 1 Zentimeter dicke Streifen schneiden, in eine Schale geben, mit Stärke bestäuben, mit Sojasauce vermischen, abdecken und für mindestens 2 Stunden in den Kühlschrank geben.

2. Inzwischen Paprikaschoten waschen, die Deckel mit dem Stiel abschneiden und Kerne entfernen.

3. Knoblauch abziehen, in den Mixtopf geben und *3 Sekunden/Stufe 8* hacken.

4. Zwiebel abziehen, halbieren, in den Mixtopf geben, *3 Sekunden/Stufe 5* zerkleinern und mit dem Spatel nach unten schieben.

5. Rapsöl und Fleisch in den Mixtopf geben und *4 Minuten/120°/Varoma/Stufe 1* andünsten.

6. Fleischmischung in die Paprika füllen, Deckel aufsetzen und in den Varoma-Behälter stellen.

7. Für den Reis Brühe und Öl in den Mixtopf geben. Reis in den Gareinsatz geben, unter fließendem Wasser gut abspülen, Gareinsatz einhängen, Varoma aufsetzen und *30 Minuten/Varoma/Stufe 1* garen.

8. Inzwischen für die Sauce Champignons waschen, putzen und in Scheiben schneiden.

9. Paprikaschoten und Reis warm stellen. Garflüssigkeit in ein Gefäß geben und 300 Gramm in den Mixtopf zurückgeben. Champignons dazugeben und *10 Minuten/100 °C/Stufe 1* garen.

10. Stärke in einer Tasse mit Wasser verrühren, Stärkelösung, Sahne, Sojasauce und Pfeffer in den Mixtopf geben und *2 Minuten/100 °C/Stufe 1* aufkochen. Den Mixtopf dabei beobachten, und vor dem Überkochen die Temperatur auf 90 °C reduzieren.

11. Die Paprikaschoten mit Sauce und Reis auf Tellern anrichten.

Hackbraten mit Blumenkohl-Käse-Füllung

Zubereitungszeit: 20 Minuten • Gesamtzeit: 1 Stunde 30 Minuten

Zutaten für 4 Portionen

Für den Hackbraten:
- 200 g altbackene Laugenbrötchen
- 1 Zwiebel
- 30 g Rapsöl
- 100 g Blumenkohlröschen
- 600 g Hackfleisch vom Rind
- 2 Eier
- 10 g mittelscharfer Senf
- geriebene Muskatnuss
- 1 TL Salz
- ½ TL schwarzer Pfeffer
- ½ TL rosenscharfes Paprikapulver
- 100 g Raclettekäse, in Scheiben
- 2 Zweige Rosmarin

Für die Sauce:
- ½ TL Rosmarin
- ½ TL brauner Zucker
- 2 TL Stärke
- 10 g Butter
- 140 g Sahne
- 10 g Senf
- 200 g Wasser
- Salz, Pfeffer

Außerdem:
- 200 g Wasser zum Einweichen
- Öl für die Form

1. Laugenbrötchen klein stückeln und in Wasser einweichen.

2. Zwiebel abziehen, halbieren, in den Mixtopf geben, **3 Sekunden/Stufe 5** zerkleinern und mit dem Spatel nach unten schieben.

3. Öl in den Mixtopf geben, **3 Minuten/120° aroma/Stufe 1** andünsten. Inzwischen Blumenkohl waschen und putzen.

4. Backofen auf 180 °C (Umluft 160 °C, Gas Stufe 2–3) vorheizen. Eine Kastenform einfetten.

5. Laugengebäck gut ausdrücken. Brotmasse, Hackfleisch, Eier, Senf und Gewürze in den Mixtopf geben und alles zusammen **1 Minute/ /Stufe 5** vermischen.

6. Die Hälfte der Hackmasse in die Kastenform geben. Blumenkohl darauf verteilen und Käse darauf schichten. Mit übriger Hackmasse bedecken und diese gut festdrücken. Rosmarinzweige darüberlegen. Den Hackbraten auf der mittleren Schiene des Backofens 1 Stunde 10 Minuten backen.

7. In der Zwischenzeit Mixtopf spülen und abtrocknen. Für die Sauce Rosmarin, Zucker und Stärke in den Mixtopf geben und **25 Sekunden/Stufe 10** pulverisieren.

8. Butter, Sahne, Senf und Wasser in den Mixtopf geben und **4 Minuten/100 °C/Stufe 2** aufkochen. Mit Salz und Pfeffer abschmecken. Hackbraten mit der Sauce servieren.

Tipp: Das Rezept für Laugengebäck steht auf Seite 119.

REZEPTE

FISCH

AUS DEM THERMOMIX®

Lachs-Tagliatelle-Muffins

Zubereitungszeit: 20 Minuten • Gesamtzeit: 55 Minuten

Zutaten für 12 Muffins

- 50 g Parmesan
- 1000 g Wasser
- 2 TL Salz
- 250 g grüne Tagliatelle
- 200 g Räucherlachs
- 4 Zweige Dill
- 2 TL Honig
- 2 TL scharfer Senf
- 400 g Sahne
- 5 Eier

Außerdem:
- 1 Muffinblech
- 12 Papier-Muffinförmchen

1. Parmesan in Stücke schneiden, in den Mixtopf geben, **8 Sekunden/Stufe 10** reiben und beiseite geben.

2. Wasser in den Mixtopf geben und in **10 Minuten/100 °C/Stufe 1** zum Kochen bringen.

3. 1 Teelöffel Salz und Nudeln in den Mixtopf geben und ohne eingesetzten Messbecher **Zeit nach Packungsangabe/100 °C/↺/Stufe 1** kochen.

4. Inzwischen Backofen auf 180 °C (Umluft 160 °C, Gas Stufe 2–3) vorheizen. Ein Muffinblech mit Papierförmchen auskleiden.

5. Räucherlachs in feine Streifen schneiden. Dill waschen, Blättchen abzupfen und 12 davon zum Garnieren beiseite geben.

6. Nudeln abgießen, mit kaltem Wasser abschrecken und gut abtropfen lassen. Nudeln und Räucherlachs in die Muffinförmchen verteilen.

7. Honig, Senf, Sahne, Eier, 1 Teelöffel Salz und Dill in den Mixtopf geben, **5 Sekunden/Stufe 4** verrühren und in die Muffinförmchen verteilen. Geriebenen Parmesan darüberstreuen.

8. Die Muffins auf der mittleren Schiene des Backofens 20 bis 25 Minuten backen. Herausholen und jeden Muffin mit einem Dillblättchen garnieren.

Fisch aus dem Thermomix®

Gefüllte Kartoffeln mit Garnelen

Zubereitungszeit: 35 Minuten • Gesamtzeit: 1 Stunde 20 Minuten

Zutaten für 4 Portionen

- 1500 g vorwiegend festkochende Kartoffeln
- 750 g Wasser
- ½ Bund Schnittlauch
- 1 rote Zwiebel
- 200 g Eismeergarnelen, küchenfertig
- 20 g eingelegte Kapern
- 30 g Olivenöl
- 80 g Weißwein
- 1 EL Estragonsenf
- 300 g Crème fraîche
- 10 g Limettensaft
- ½ TL Salz
- ¼ TL weißer Pfeffer

Außerdem:
- Backpapier
- etwas Olivenöl zum Bestreichen

1. Kartoffeln waschen und in den Varoma-Behälter geben. Wasser in den Mixtopf geben, Varoma aufsetzen und die Kartoffeln **45 Minuten/Varoma/Stufe 1** dämpfen. Garprobe machen, und wenn die Kartoffeln noch nicht durch sind, 250 Gramm Wasser hinzufügen und die Garzeit um 15 Minuten verlängern.

2. Kartoffeln etwas abkühlen lassen. Mixtopf ausleeren. Backofen auf 220 °C (Umluft 200 °C, Gas Stufe 4-5) vorheizen. Ein Backblech mit Backpapier auslegen.

3. Obere Teile der Kartoffeln als Deckel abschneiden. Kartoffeln aushöhlen, Kartoffelmasse in den Mixtopf geben, **7 Sekunden/Stufe 5** zerkleinern und beiseite geben.

4. Ausgehöhlte Kartoffeln und Deckel mit Olivenöl bestreichen, auf das Backblech legen und 20 Minuten auf der mittleren Schiene im Backofen backen.

5. Inzwischen Schnittlauch waschen und in Röllchen schneiden. Zwiebel abziehen, halbieren, in den Mixtopf geben, **3 Sekunden/Stufe 5** zerkleinern und mit dem Spatel nach unten schieben.

6. Eismeergarnelen, Kapern und Olivenöl in den Mixtopf geben und **5 Minuten/120° aroma/ /Stufe 1** andünsten.

7. Weißwein dazugeben und ohne eingesetzten Messbecher weitere **3 Minuten/100 °C/ /Stufe 1** erhitzen.

8. Kartoffelmasse, Senf, Crème fraîche, Limettensaft, Salz und Pfeffer in den Mixtopf geben, **12 Sekunden/ /Stufe 3** vermischen.

9. Masse in die Kartoffelhälften füllen und die Deckel aufsetzen. Mit Schnittlauch bestreuen.

Schellfischragout

Zubereitungszeit: 30 Minuten • Gesamtzeit: 40 Minuten

Zutaten für 4 Portionen

Für den Reis:
- 1000 g Wasser
- 1 TL Salz
- 10 g Olivenöl
- 250 g Reis (z. B. Basmati)

Für das Ragout:
- 2 Zweige Estragon
- 2 Zweige Petersilie
- 2 Zwiebeln
- 200 g Tomaten
- 30 g Butter
- 500 g Schellfischfilets
- 250 g Fischfond
- 20 g Dijonsenf
- 50 g Sahne
- 1 EL Zitronensaft
- 1 Prise rosenscharfes Paprikapulver
- ½ TL Salz

1. Für den Reis Wasser, Salz und Olivenöl in den Mixtopf geben. Reis in den Gareinsatz geben, unter fließendem Wasser abspülen und abtropfen lassen. Gareinsatz einhängen und den Reis **20 Minuten/100 °C/Stufe 1** garen.

2. Inzwischen für das Ragout Estragon und Petersilie waschen, trockentupfen und Blätter abzupfen. Zwiebeln abziehen und halbieren. Tomaten waschen und vierteln.

3. Reis beiseite geben, warm halten und Mixtopf ausleeren.

4. Estragon, Petersilie und Zwiebeln in den Mixtopf geben und **3 Sekunden/Stufe 6** zerkleinern.

5. Tomaten und Butter in den Mixtopf geben, **6 Sekunden/Stufe 4** zerkleinern und **6 Minuten/120°/aroma/Stufe 2** garen.

6. In der Zwischenzeit die Fischfilets in 5 x 5 Zentimeter große Stücke schneiden.

7. Fischfond, Dijonsenf und Sahne in den Mixtopf geben und **5 Minuten/100 °C/Stufe 1** garen.

8. Fisch, Zitronensaft, Paprikapulver und Salz in den Mixtopf geben und **5 Minuten/90 °C/↺/Sanftrührstufe** garen.

9. Das Schellfischragout mit dem Reis auf Tellern anrichten.

Fisch aus dem Thermomix®

Fischburger mit Mayonnaise

Zubereitungszeit: 50 Minuten • Gesamtzeit: 1 Stunde

Zutaten für 4 Portionen

Für die Mayonnaise:
- 4 Zweige Dill
- 1 Ei
- 10 g Limettensaft
- 5 g Sojasauce
- ½ TL Zucker
- 180 g Sonnenblumenöl

Für Country Potatoes:
- 600 g festkochende Kartoffeln
- Salz, rosenscharfes Paprikapulver
- 50 g Rapsöl

Für die Burger:
- 4 Burgerbrötchen
- 4 Salatblätter
- 1 Tomate
- 1 rote Zwiebel

Für die Frikadellen:
- 2 Scheiben Vollkorntoast
- 100 g Wasser
- 1 rote Zwiebel
- ½ Bund Dill
- 400 g Alaska-Seelachsfilet
- 2 Eier
- 1 TL Sojasauce
- ¼ TL Salz
- ¼ TL weißer Pfeffer
- 2 Prisen rosenscharfes Paprikapulver
- Paniermehl
- Öl zum Braten

1. Für die Mayonnaise Dill waschen, trockentupfen, Blättchen abzupfen, in den Mixtopf geben, **3 Sekunden/Stufe 8** zerkleinern.

2. Ei, Limettensaft, Sojasauce und Zucker in den Mixtopf geben. **Stufe 4** einstellen und das Öl bei eingesetztem Messbecher auf den Deckel gießen. Die Mayonnaise ist fertig, sobald das Öl komplett zu den übrigen Zutaten eingeträufelt ist. In den Kühlschrank stellen. Mixtopf spülen und trocknen.

3. Für die Country Potatoes Backofen auf 200 °C (Umluft 180 °C, Gas Stufe 3–4) vorheizen. Ein Backblech mit Backpapier auslegen. Kartoffeln waschen, in Spalten schneiden, würzen und mit Öl vermischen. Auf das Backblech geben und auf der mittleren Schiene im Backofen etwa 40 Minuten backen.

4. Für den Burger Brötchen halbieren und leicht toasten. Salat waschen und trockenschleudern. Tomate waschen, putzen und in Scheiben schneiden. Zwiebel abziehen und in Ringe schneiden.

5. Für die Frikadellen Toast in Wasser einweichen. Zwiebel abziehen und halbieren. Dill waschen, trockentupfen und Blättchen abzupfen. Zwiebel und Dill in den Mixtopf geben, **3 Sekunden/Stufe 8** zerkleinern und mit dem Spatel nach unten schieben.

6. Brot gut ausdrücken und in den Mixtopf geben. Seelachs in maximal 5 x 5 Zentimeter große Stücke schneiden.

7. Brot, Fisch, Eier, Sojasauce, Salz, Pfeffer, Paprikapulver und 5 Esslöffel Paniermehl in den Mixtopf geben und **15 Sekunden/Stufe 4** zerkleinern. Wenn der Teig zu weich ist, weiteres Paniermehl zufügen.

8. Aus dem Teig 4 Frikadellen formen, in Paniermehl wenden. Eine Pfanne mit Öl erhitzen und die Frikadellen darin rundum goldgelb anbraten.

9. Burgerbrötchen mit Frikadellen, einem Teil Mayonnaise, Tomaten, Zwiebeln und Salat füllen. Mit den Kartoffelspalten und der restlichen Mayonnaise servieren.

Fisch aus dem Thermomix®

Karibischer Fischauflauf

Zubereitungszeit: 30 Minuten • Gesamtzeit: 1 Stunde

Zutaten für 4 Portionen

- 500 g Süßkartoffeln
- 500 g Wasser
- 1 Limette
- 600 g Thunfischsteaks (à 100 g)

Würzmischung:
- 10 g Ingwer
- 5 Frühlingszwiebeln
- 30 g Erdnussöl
- 2 reife Bananen
- 2 EL Garam Masala (Gewürzmischung)
- 10 g Fischsauce
- 1 TL Salz
- ½ TL weißer Pfeffer
- 400 g Kokosmilch
- 100 g Fischfond

Zum Belegen:
- 1 Stängel Zitronengras
- ½ Bund Koriandergrün

Außerdem:
- 1 Auflaufform (ca. 30 x 20 cm)

1. Die Süßkartoffeln schälen, in 0,5 Zentimeter dicke Scheiben schneiden und in den Gareinsatz geben. Wasser in den Mixtopf geben, Gareinsatz einhängen und die Süßkartoffeln **15 Minuten/Varoma/Stufe 1** dämpfen.

2. Inzwischen Limette auspressen. Thunfischsteaks waschen, trockentupfen und mit Limettensaft beträufeln. Süßkartoffeln und Thunfischsteaks in eine Auflaufform schichten. Backofen auf 180 °C (Umluft 160 °C, Gas Stufe 2–3) vorheizen.

3. Für die Würzmischung Ingwer schälen. Frühlingszwiebeln waschen, putzen und in dünne Ringe schneiden. Ingwer in den Mixtopf geben, **3 Sekunden/Stufe 8** zerkleinern und mit dem Spatel nach unten schieben.

4. Frühlingszwiebeln und Öl dazugeben und **3 Minuten/120°/↺/Stufe 1** andünsten.

5. Bananen schälen und in Stücke brechen. Bananenstücke, Garam Masala, Fischsauce, Salz und Pfeffer in den Mixtopf geben und **6 Sekunden/Stufe 4** zerkleinern.

6. Kokosmilch und Fischfond in den Mixtopf dazugeben und **4 Sekunden/↺/Stufe 3** vermischen. Die Würzmischung in die Auflaufform geben.

7. Zitronengras abwaschen, halbieren, mit der Schnittfläche nach unten auf den Auflauf legen. Den Auflauf auf der mittleren Schiene des Backofens 25 bis 30 Minuten backen.

8. Inzwischen Koriandergrün waschen und Blätter abzupfen. Auflauf mit Koriandergrün bestreuen. Zitronengras entfernen.

Kabeljau auf Gemüsebett

Zubereitungszeit: 40 Minuten • Gesamtzeit: 1 Stunde + Kühlzeit: 1 Stunde

Zutaten für 4 Portionen

- 2 Zweige Estragon
- 2 Zweige Basilikum
- 1 unbehandelte Zitrone
- 600 g Kabeljaufilets
- ¼ TL Salz
- 1 Prise weißer Pfeffer
- 500 g vorwiegend festkochende Kartoffeln
- 600 g Gemüse (z. B. Mangold, Karotten, Brokkoli, Blumenkohl, Fenchel)
- 500 g Gemüsebrühe
- 2 TL Stärke
- 30 g kaltes Wasser
- 1 TL brauner Zucker
- 50 g Schmand
- 20 g Weißwein
- Salz
- weißer Pfeffer

1. Estragon und Basilikum waschen, trockentupfen, Blätter abzupfen, in den Mixtopf geben, **3 Sekunden/Stufe 8** zerkleinern und beiseite geben.

2. Zitrone heiß abwaschen, abtrocknen, mit einer feinen Reibe 1 Teelöffel Schale abreiben und dann den Saft auspressen.

3. Fisch unter fließendem Wasser waschen, trockentupfen, mit ½ Teelöffel Zitronenschale, Salz, Pfeffer, und 20 Gramm Zitronensaft einreiben, abdecken und 1 Stunde im Kühlschrank ziehen lassen.

4. Inzwischen Kartoffeln schälen, vierteln und in den Gareinsatz geben. Gemüse waschen, putzen und in den Varoma-Behälter geben. Fisch in den Varoma-Einsatz geben.

5. Gemüsebrühe in den Mixtopf geben, Gareinsatz einsetzen, Varoma aufsetzen und alles **25 Minuten/Varoma/Stufe 1** dämpfen. Fisch und Gemüse warm stellen, Brühe im Mixtopf belassen.

6. Stärke mit Wasser verrühren, mit ¼ Teelöffel Zitronenschale, 20 Gramm Zitronensaft, Estragon, Basilikum, Zucker, Schmand und Weißwein in den Mixtopf geben, **5 Sekunden/Stufe 8** mixen und anschließend **3 Minuten/100 °C/Stufe 2** erhitzen. Mit Salz und Pfeffer abschmecken.

7. Gemüse auf Tellern anrichten, Fisch auflegen und mit der Sauce servieren.

Fisch aus dem Thermomix®

Rotbarsch in Kräuterkruste

Zubereitungszeit: 30 Minuten • Gesamtzeit: 1 Stunde

Zutaten für 4 Portionen

- 700 g Rotbarschfilets
- 3 EL Zitronensaft
- ½ TL Salz

Für die Kruste:
- 2 Handvoll frische Kräuter (z. B. Basilikum, Petersilie, Dill, Schnittlauch, Kerbel)
- 2 Knoblauchzehen
- 5 Frühlingszwiebeln
- 20 g Olivenöl
- 100 g Butter
- 1 EL Dijonsenf
- 1 TL Tomatenmark
- 110 g Semmelbrösel
- ¼ TL Salz
- 2 Prisen weißer Pfeffer

Für das Gemüsebett:
- 200 g Fenchel
- 500 g Tomaten
- ½ TL Salz

Außerdem:
- 1 Auflaufform (ca. 30 x 20 cm)

1. Fischfilets waschen, trockentupfen, mit Zitronensaft und Salz einreiben und in den Kühlschrank stellen.

2. Kräuter waschen, trockentupfen, die Blätter abzupfen, in den Mixtopf geben, **4 Sekunden/Stufe 8** zerkleinern und beiseite geben.

3. Knoblauch abziehen. Frühlingszwiebeln waschen und putzen. Beides in den Mixtopf geben, **3 Sekunden/Stufe 8** zerkleinern und mit dem Spatel nach unten schieben.

4. Olivenöl in den Mixtopf geben und **3 Minuten/120°/Stufe 1** andünsten.

5. Butter in Stücke schneiden. Butterstücke, Kräuter, Senf, Tomatenmark, Semmelbrösel, Salz und Pfeffer in den Mixtopf geben und **20 Sekunden/Stufe 3** verrühren.

6. Backofen auf 180 °C (Umluft 160 °C, Gas Stufe 2–3) vorheizen.

7. Für das Gemüsebett Fenchel und Tomaten waschen, putzen, in Stücke schneiden und in eine Auflaufform legen. Mit Salz würzen. Fischfilets auf das Gemüse legen und mit der Kräutermischung bestreichen.

8. Den Fisch auf der mittleren Schiene des Backofens 20 bis 25 Minuten backen.

Alaska-Seelachs-Päckchen in Orangencreme

Zubereitungszeit: 30 Minuten • Gesamtzeit: 1 Stunde

Zutaten für 4 Portionen

- 2 TL Lavendelblüten
- 2 TL Salz
- 2 TL brauner Zucker
- 2 Knoblauchzehen
- 20 g Ingwer
- 300 g Karotten
- 160 g Tiefkühlerbsen
- 4 Alaska-Seelachsfilets (à 150 g)
- 1 unbehandelte Orange
- 300 g Cherrytomaten
- 500 g Wasser
- 100 g Orangensaft
- 10 g Stärke
- 40 g Butter
- 50 g Gemüsebrühe
- 200 g Crème fraîche
- 100 g Magerquark

Außerdem:
- Alufolie

1. Lavendelblüten, Salz und Zucker in den Mixtopf geben und **2 Minuten/Stufe 10** pulverisieren.

2. Knoblauch abziehen und in den Mixtopf geben. Ingwer schälen und in den Mixtopf geben, **3 Sekunden/Stufe 8** zerkleinern und beiseite geben.

3. Vier quadratische Stücke Alufolie zurechtlegen. Karotten schälen, in dünne Scheiben schneiden und mit den Erbsen auf den Folien verteilen. Fisch waschen, trockentupfen, mit der Hälfte der Salz-Lavendel-Mischung einreiben und auf die Karotten legen. Orange heiß abwaschen, trockenreiben, in Scheiben schneiden und auf den Fisch legen. Tomaten waschen und dazulegen.

4. Päckchen verschließen und auf Varoma-Behälter und Varoma-Einlageboden verteilen. Wasser in den Mixtopf geben, Varoma aufsetzen und den Fisch **24 Minuten/Varoma/Stufe 1** garen. Ein Päckchen öffnen, und wenn der Fisch noch nicht durch ist, 100 Gramm Wasser in den Mixtopf hinzufügen und die Garzeit um 5 Minuten verlängern. Beiseite geben und warm halten.

5. Orangensaft und Stärke in einer Tasse verrühren, mit Butter, Gemüsebrühe und der restlichen Salz-Lavendel-Mischung in den Mixtopf geben und ohne eingesetzten Messbecher **5 Minuten/Varoma/Stufe 1** kochen.

6. Crème fraîche und den Magerquark in den Mixtopf geben und **2 Minuten/100 °C/Stufe 2** aufkochen.

7. Die Päckchen auf Teller legen, aufmachen und mit der Orangencreme servieren.

REZEPTE
VEGETARISCHES
AUS DEM THERMOMIX®

Zitronenrisotto

Zubereitungszeit: 25 Minuten • Gesamtzeit: 45 Minuten

Zutaten für 4 Portionen

- 50 g Pecorino
- 1 Knoblauchzehe
- 1 rote Zwiebel
- 200 g Cherrytomaten
- 20 g Olivenöl
- 270 g Risottoreis
- 50 g Butter
- 100 g trockener Weißwein
- 1 unbehandelte Zitrone
- ¼ TL Salz
- 780 g Gemüsebrühe
- 60 g Babyspinat
- ½ Bund Petersilie
- ¼ TL schwarzer Pfeffer
- 1 Prise getrockneter Thymian

1. Pecorino in den Mixtopf geben, **8 Sekunden/Stufe 8** zerkleinern und beiseite geben.

2. Knoblauch abziehen, in den Mixtopf geben und **3 Sekunden/Stufe 8** zerkleinern.

3. Zwiebel abziehen, halbieren, in den Mixtopf geben, **3 Sekunden/Stufe 5** zerkleinern und mit dem Spatel nach unten schieben.

4. Cherrytomaten waschen. Tomaten und Öl in den Mixtopf geben, **4 Minuten/120°/Sanftrührstufe** dünsten und beiseite geben.

5. Risottoreis und 30 Gramm Butter in den Mixtopf geben und **4 Minuten/100 °C/Stufe 1** dünsten.

6. Weißwein in den Mixtopf geben und **2 Minuten/100 °C/Stufe 1** erhitzen.

7. Zitrone heiß abwaschen und ½ Teelöffel Zitronenschale fein abreiben. Zitronenschale, Salz und Gemüsebrühe in den Mixtopf geben und **24 Minuten/90 °C/Stufe 1** garen.

8. Inzwischen Spinat waschen und putzen. Petersilie waschen, Blätter abzupfen und klein hacken.

9. Zitrone auspressen. 4 Esslöffel Zitronensaft mit der übrigen Butter, Spinat, Pfeffer und Thymian in den Mixtopf geben und mithilfe des Spatels **2 Minuten/80 °C/Stufe 3** verrühren.

10. Tomatenmischung in den Mixtopf geben und vorsichtig mit dem Spatel unterheben. Risotto anrichten und mit Petersilie und Pecorino bestreuen.

Vegetarisches aus dem Thermomix®

Enchiladas de Queso

Zubereitungszeit: 30 Minuten • Gesamtzeit: 1 Stunde 10 Minuten

Zutaten für 4–6 Portionen

- 400 g Cheddar
- 80 g Tortillachips
- 1 Knoblauchzehe
- 2 Chilischoten
- 2 Zwiebeln
- 20 g Olivenöl
- 2 rote Paprikaschoten
- 500 g Tomaten
- 300 g Kidneybohnen (Dose)
- 100 g Mais (Dose)
- 1 TL Salz
- ¼ TL schwarzer Pfeffer
- 1 TL Zucker
- 1 TL Cumin (Kreuzkümmel), gemahlen
- 50 g Jalapeños (Glas), in Scheiben
- 400 g Schmand
- 6 Tortillas (Fladen)

Außerdem:
- 1 Auflaufform (ca. 34 x 24 cm)

1. Käse in Stücke schneiden, in den Mixtopf geben, **12 Sekunden/Stufe 5** zerkleinern und beiseite geben.

2. Tortillachips in den Mixtopf geben **3 Sekunden/Stufe 4** zerkleinern und beiseite geben.

3. Knoblauch abziehen. Chilischoten waschen, halbieren und nach Bedarf entkernen. Beide Zutaten in den Mixtopf geben und **3 Sekunden/Stufe 8** zerkleinern.

4. Zwiebeln abziehen, vierteln, in den Mixtopf geben, **3 Sekunden/Stufe 5** zerkleinern und mit dem Spatel nach unten schieben.

5. Öl in den Mixtopf geben und **4 Minuten/120°/Stufe 1** andünsten.

6. Inzwischen Paprikaschoten waschen, vierteln und putzen. Tomaten waschen, vierteln und Strunk entfernen. Paprika und Tomaten in den Mixtopf geben und **6 Sekunden/Stufe 4** zerkleinern.

7. Kidneybohnen und Mais abtropfen lassen. Bohnen, Mais, Salz, Pfeffer, Zucker und Cumin in den Mixtopf geben und alles zusammen **15 Minuten/100 °C/Stufe 1** kochen.

8. Inzwischen Jalapeños abtropfen lassen. 200 Gramm Käse mit Schmand vermischen.

9. Backofen auf 180 °C (Umluft 160 °C, Gas Stufe 2–3) vorheizen. Etwas Gemüsemischung in eine Auflaufform geben.

10. Jede Tortilla mit etwas Gemüsemischung und einem Esslöffel Käse-Schmand-Mischung füllen und aufrollen. Mit der Naht nach unten in die Auflaufform legen. Restliche Käse-Schmand-Mischung und übrige Gemüsemischung darübergeben. Mit zerkleinerten Tortillachips, Jalapeños und dem restlichen Käse bedecken. Die Enchiladas auf der mittleren Schiene des Backofens 25 bis 30 Minuten backen.

Tipp: Das Rezept für selbst gemachte Tortillas steht auf Seite 103.

Vegetarisches aus dem Thermomix®

Walnuss-Flammkuchen

Zubereitungszeit: 20 Minuten • Gesamtzeit: 30 Minuten + Ruhezeit: 1 Stunde

Zutaten für 4 Portionen

Für den Teig:
- 250 g Mehl Type 550
- ¼ Würfel Hefe
- 40 g Olivenöl
- 120 g lauwarmes Wasser
- ¼ TL Salz

Für den Belag:
- 1 Stange Lauch
- 40 g Rucola
- 100 g Frischkäse
- 200 g Schmand
- 10 g Olivenöl
- 10 g Honig
- ½ TL Salz
- 1 Prise frisch geriebene Muskatnuss
- 60 g Walnusskerne

Außerdem:
- Backpapier

1. Für den Teig alle Zutaten in den Mixtopf geben und **2 Minuten/Knetstufe** kneten. Den Teig abdecken und an einem warmen Ort etwa 1 Stunde gehen lassen.

2. Backofen auf 240 °C (Umluft 220 °C, Gas Stufe 6) vorheizen. Ein Backblech mit Backpapier auslegen.

3. Inzwischen für den Belag Lauch waschen, putzen und in dünne Ringe schneiden. Rucola waschen und putzen.

4. Teig auf Backblechgröße ausrollen und auf das Backblech geben.

5. Frischkäse, Schmand, Öl, Honig, Salz und Muskatnuss in den Mixtopf geben, **12 Sekunden/Stufe 4** vermischen und auf dem Teig verteilen. Lauch und Walnüsse über die Käsemasse streuen.

6. Den Flammkuchen auf der mittleren Schiene des Backofens 8 bis 10 Minuten backen. Mit Rucola garnieren.

1.　2.　3.

Spinattaschen

Zubereitungszeit: 25 Minuten • Gesamtzeit: 45 Minuten + Ruhezeit: 30 Minuten

Zutaten für 4 Portionen

Für den Teig:
- 360 g Mehl Type 550
- 180 g Wasser
- ½ Würfel Hefe
- 25 g Olivenöl
- 1 TL Salz
- 1 Prise Zucker

Für die Füllung:
- 3 Knoblauchzehen
- 1 Zwiebel
- 20 g Olivenöl
- 300 g Blattspinat
- 200 g Schafsfeta
- 10 g weißer Aceto balsamico
- ¼ TL Salz
- 1 Prise Zimtpulver
- 1 Prise frisch geriebene Muskatnuss
- ½ TL edelsüßes Paprikapulver
- Chiliflocken nach Bedarf

Zum Bestreichen:
- 1 Eigelb

Außerdem:
- Mehl für die Arbeitsfläche

1. Für den Teig alle Zutaten in den Mixtopf geben und *2 Minuten/Knetstufe* kneten. Den Teig abdecken und 30 Minuten an einem warmen Ort gehen lassen.

2. Inzwischen für die Füllung Knoblauch abziehen, in den Mixtopf geben und *3 Sekunden/Stufe 8* zerkleinern.

3. Zwiebel abziehen, in Viertel schneiden, in den Mixtopf geben und *3 Sekunden/Stufe 5* zerkleinern.

4. Spinat putzen. Spinat, Käse, Essig und Gewürze in den Mixtopf geben und mithilfe des Spatels *4 Sekunden/Stufe 5* zerkleinern.

5. Backofen auf 200 °C (Umluft 180 °C, Gas Stufe 3–4) vorheizen. Ein Backblech mit Backpapier auslegen.

6. Hefeteig in 12 Portionen teilen, Kugeln formen und auf einer bemehlten Arbeitsfläche dünn und rund ausrollen (Bild 1). Spinatfüllung auf je eine Hälfte der Teigstücke geben (Bild 2) und die andere Hälfte darüberklappen. Mit den Zinken einer Gabel die Ränder fest verschließen (Bild 3). Die Taschen auf das Backblech legen und mit Eigelb bestreichen.

7. Die Spinattaschen auf der mittleren Schiene des Backofens 15 bis 20 Minuten backen.

Vegetarisches aus dem Thermomix®

Gnocchi mit Tomaten-Ricotta-Sauce

Zubereitungszeit: 45 Minuten • Gesamtzeit: 1 Stunde 30 Minuten + Abkühlzeit: 30 Minuten

Zutaten für 4 Portionen

Für die Gnocchi:
- 1100 g Wasser zum Dämpfen
- 3 TL Salz
- 500 g mehligkochende Kartoffeln
- 100 g Hartweizengrieß
- 100 g Mehl Type 550
- 1 Eigelb
- 1 Messerspitze frisch geriebene Muskatnuss

Für die Sauce:
- 1 Knoblauchzehe
- 500 g Tomaten
- 30 g Olivenöl
- 1 EL Tomatenmark
- 1 TL Salz
- 1 Prise Zucker
- ½ TL schwarzer Pfeffer
- 100 g Ricotta

Zum Garnieren:
- ½ Bund Basilikum

Außerdem:
- Mehl für die Arbeitsfläche

1. Für die Gnocchi 600 Gramm Wasser und 1 Teelöffel Salz in den Mixtopf geben. Kartoffeln schälen, vierteln und in den Gareinsatz geben. Gareinsatz einsetzen und die Kartoffeln **30 Minuten/Varoma/Stufe 1** dämpfen.

2. Gareinsatz herausnehmen und Kartoffeln abtropfen lassen. Mixtopf ausleeren und ausspülen. Kartoffeln, Grieß, Mehl, Eigelb, 1 Teelöffel Salz und Muskatnuss in den Mixtopf geben und **1 Minute/Stufe 5** zu einem geschmeidigen Teig verrühren. Den Teig herausnehmen und handwarm auskühlen lassen.

3. Teig in vier Portionen teilen, auf einer bemehlten Arbeitsfläche zu 1 bis 2 Zentimeter dicken Rollen formen und diese in 1 bis 2 Zentimeter breite Stücke schneiden. Stücke zu Kugeln formen und mit einer Gabel etwas flach drücken, sodass die Zinken ein Rillenmuster eindrücken.

4. Teigstücke in den Varoma-Einlegeboden geben. 500 Gramm Wasser und 1 Teelöffel Salz in den Mixtopf geben, Varoma aufsetzen und die Gnocchi **20 Minuten/Varoma/Stufe 1** dämpfen.

5. Inzwischen für die Sauce Knoblauch abziehen, Tomaten waschen, putzen und vierteln. Gnocchi warm stellen. Mixtopf ausleeren und ausspülen.

6. Knoblauch in den Mixtopf geben und **3 Sekunden/Stufe 8** hacken.

7. Öl und Tomatenmark in den Mixtopf geben und **3 Minuten/Varoma/Stufe 1** andünsten.

8. Tomaten, Salz, Zucker und Pfeffer in den Mixtopf geben und **15 Minuten/100 °C/Stufe 2** kochen. Inzwischen Basilikum waschen, trockenschütteln, Blätter abzupfen und hacken.

9. Ricotta in den Mixtopf geben und **20 Sekunden/Stufe 7** pürieren. Gnocchi mit der Sauce servieren. Basilikum darüberstreuen.

Vegetarisches aus dem Thermomix®

Brokkoli-Nudelauflauf

Zubereitungszeit: 15 Minuten • Gesamtzeit: 55 Minuten

Zutaten für 4 Portionen

- 100 g Gruyère
- 200 g Gouda

Für die Nudeln:
- 1000 g Wasser
- 1 TL Salz
- 250 g Penne

Gemüsemischung:
- 3 Knoblauchzehen
- 300 g Karotten
- 350 g Brokkoli

Für die Sauce:
- 200 g Sahne
- 50 g Olivenöl
- 20 g Tomatenmark
- 4 Eier
- 1 ½ TL Salz
- ½ TL schwarzer Pfeffer
- Muskatnuss

Zum Belegen:
- 100 g Kirschtomaten

Außerdem:
- 1 Auflaufform (ca. 30 x 20 cm)

1. Gruyère und Gouda in Stücke schneiden, in den Mixtopf geben, **10 Sekunden/Stufe 5** reiben und beiseite geben.

2. Wasser in den Mixtopf geben und in **10 Minuten/100 °C/Stufe 1** zum Kochen bringen.

3. Salz und Nudeln in den Mixtopf geben, ohne eingesetzten Messbecher **Zeit nach Packungsangabe/100 °C/↺/Stufe 1** garen und beiseite geben.

4. Backofen auf 180 °C (Umluft 160 °C, Gas Stufe 2–3) vorheizen.

5. Für die Gemüsemischung Knoblauch abziehen. Karotten waschen, schälen und in Stücke schneiden. Brokkoli waschen und putzen.

6. Knoblauch in den Mixtopf geben und **5 Sekunden/Stufe 5** zerkleinern.

7. Karotten in den Mixtopf geben und **6 Sekunden/Stufe 5** zerkleinern.

8. Brokkoli in den Mixtopf geben, **4 Sekunden/Stufe 4** zerkleinern und beiseite geben.

9. Für die Sauce 100 Gramm geriebenen Käse, Sahne, Öl, Tomatenmark, Eier, Salz, Pfeffer und Muskatnuss in den Mixtopf geben und **10 Sekunden/Stufe 4** verrühren.

10. Nudeln, Gemüsemischung und Sauce in eine Auflaufform füllen und gut vermengen. Kirschtomaten waschen, halbieren und auf dem Auflauf verteilen. Übrigen Käse darüberstreuen. Den Auflauf auf der mittleren Schiene des Backofens 30 Minuten backen.

Vegetarisches aus dem Thermomix®

Kräuterkäsespätzle

Zubereitungszeit: 45 Minuten • Gesamtzeit: 45 Minuten + Ruhezeit: 30 Minuten

Zutaten für 4 Portionen

- 200 g Bergkäse
- ½ Bund Petersilie
- ½ Bund Basilikum
- 10 Blätter Rucola
- 500 g Mehl
- 1 TL Salz
- 5 Eier
- 200 g Wasser
- 200 g Kirschtomaten
- 100 g Butter
- 1 Prise frisch geriebene Muskatnuss

Außerdem:
- reichlich Wasser zum Kochen
- 2 TL Salz

1. Käse in Stücke schneiden, in den Mixtopf geben, **7 Sekunden/Stufe 5** reiben und beiseite geben.

2. Petersilie und Basilikum waschen, trockentupfen, Blätter abzupfen und in den Mixtopf geben. Rucola waschen, trockentupfen, in den Mixtopf geben und **4 Sekunden/Stufe 8** zerkleinern. Die Hälfte der Kräuter beiseite geben.

3. Mehl, Salz, Eier und Wasser in den Mixtopf geben und alles zusammen **2:30 Minuten/Knetstufe** kneten. Teig herausnehmen, abdecken und bei Zimmertemperatur 30 Minuten ruhen lassen.

4. Inzwischen Tomaten waschen und Strunk entfernen.

5. Auf dem Herd in einem großen Topf reichlich Wasser und 2 Teelöffel Salz zum Kochen bringen. Den Teig durch den Varoma-Einlegeboden in den Topf streichen. Die Spätzle sind fertig, wenn sie an der Oberfläche schwimmen. Spätzle mit einem Schaumlöffel herausnehmen und kalt abbrausen.

6. In einer Pfanne Butter zerlassen, mit Muskatnuss würzen und Spätzle und Tomaten darin schwenken, bis die Spätzle leicht gebräunt sind. Käse dazugeben und unterheben. Mit den beiseite gelegten Kräutern bestreuen.

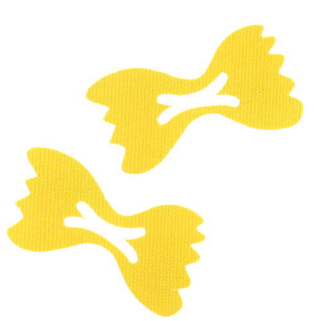

Vegetarisches aus dem Thermomix®

Kürbiskuchen

Zubereitungszeit: 30 Minuten • Gesamtzeit: 1 Stunde 15 Minuten + Ruhezeit: 30 Minuten

Zutaten für 4 Portionen

Für den Teig:
- 120 g Weizenkörner
- 80 g Dinkelkörner
- ½ TL Salz
- 90 g kalte Butter
- 10 g Essig
- 70 g Wasser

Zwiebelmischung:
- 1 rote Zwiebel
- 10 g brauner Rohrzucker
- 10 g Butter
- 10 g roter Aceto balsamico
- 1 Prise Salz
- 1 Prise schwarzer Pfeffer

Für den Belag:
- 600 g Kürbisfleisch (z. B. Hokkaido)
- 10 g getrocknete Tomaten, in Öl eingelegt
- 10 g Honig
- 60 g Gemüsebrühe
- 2 Prisen frisch geriebene Muskatnuss
- 150 g Raclettekäse, in Scheiben

Außerdem:
- etwas Mehl zum Bestäuben

1. Weizenkörner, Dinkelkörner und Salz in den Mixtopf geben und **1 Minute/Stufe 10** mahlen.

2. Butter in Stücke schneiden. Butterstücke, Essig und Wasser in den Mixtopf geben und **2 Minuten/Knetstufe** kneten. Teig abdecken und 30 Minuten in den Kühlschrank stellen. Mixtopf spülen und trocknen.

3. Für die Zwiebelmischung Zwiebel abziehen und halbieren. Zwiebelhälften und Zucker in den Mixtopf geben, **3 Sekunden/Stufe 5** zerkleinern und mit dem Spatel nach unten schieben.

4. Butter, Essig, Salz und Pfeffer den Mixtopf geben, **5 Minuten/120°/Varoma/⟲/Stufe 1** andünsten und beiseite geben.

5. Inzwischen für den Belag Kürbis in kleine Würfel schneiden. Tomaten in kleine Stücke schneiden. Kürbis, Tomaten, Honig, Brühe und Muskatnuss in den Mixtopf geben und ohne eingesetzten Messbecher **15 Minuten/100 °C/⟲/Stufe 1** andünsten.

6. Backofen auf 200 °C (Umluft 180 °C, Gas Stufe 3–4) vorheizen.

7. Teig mit Mehl bestäuben, auf einem Backpapier in Backblechgröße ausrollen und auf das Backblech legen. Kürbismischung und Zwiebeln auf dem Teig verteilen. Raclettekäse in Stücke zupfen und auf dem Kuchen verteilen. Den Kuchen auf der mittleren Schiene des Backofens 25 bis 30 Minuten backen.

Naan-Brot mit Gemüse und Raita

Zubereitungszeit: 50 Minuten • Gesamtzeit: 1 Stunde 20 Minuten + Ruhezeit: 1 Stunde

Zutaten für 4 Portionen

Für das Naan-Brot:
- 320 g Mehl Type 550
- 100 g Wasser
- ½ Würfel Hefe
- ½ TL Salz
- 1 TL Zucker
- 1 TL Backpulver
- 80 g Naturjoghurt (3,5 % Fett)
- 20 g Olivenöl

Für das Gemüse:
- 600 g kleine vorwiegend festkochende Kartoffeln
- 200 g Okraschoten
- 500 g Wasser
- 1 TL Salz

Für die Raita:
- ½ Bund Minze
- 1 Knoblauchzehe
- 1 Schalotte
- 300 g Tomaten
- ½ Salatgurke
- ½ Limette
- 30 g Öl
- 400 g Naturjoghurt
- 1 TL Salz
- ½ TL weißer Pfeffer
- ½ TL Cumin (Kreuzkümmel), gemahlen

Außerdem:
- Mehl, Butterschmalz

1. Für das Brot alle Zutaten in den Mixtopf geben, **4 Minuten/Knetstufe** kneten. Den Teig herausnehmen, abdecken und an einem warmen Ort 1 Stunde ruhen lassen.

2. Inzwischen für das Gemüse Kartoffeln schälen, vierteln und in den Gareinsatz legen. Okraschoten waschen, in 1 Zentimeter dicke Scheiben schneiden und zu den Kartoffeln geben. Wasser und Salz in den Mixtopf geben, Gareinsatz einsetzen und das Gemüse **30 Minuten/Varoma/Stufe 1** dämpfen. Anschließend beiseite geben und warm halten. Mixtopf spülen.

3. Den ausgeruhten Teig mit Mehl bestäuben, bis er sich geschmeidig verarbeiten lässt. Teig in 8 Stücke teilen, Kugeln formen und zu 1 Zentimeter dicken Fladen ausrollen.

4. In einer Pfanne Butterschmalz zerlassen und die Fladen nacheinander von beiden Seiten backen. Zum Abkühlen auf Küchenkrepp legen.

5. Für die Raita Minze waschen, trockenschütteln, Blätter abzupfen und in den Mixtopf geben. Knoblauch abziehen, in den Mixtopf geben und **3 Sekunden/Stufe 8** hacken.

6. Schalotte abziehen, in den Mixtopf dazugeben und **3 Sekunden/Stufe 5** hacken.

7. Tomaten und Gurke waschen, putzen bzw. schälen, klein schneiden, in den Mixtopf geben und **5 Sekunden/Stufe 4** zerkleinern.

8. Limette auspressen. Limettensaft, Öl, Joghurt und Gewürze dazugeben und **7 Sekunden/↺/Stufe 3** vermischen. Naan-Brot mit Gemüse anrichten und mit Raita servieren.

REZEPTE

VEGANES

AUS DEM THERMOMIX®

Veganes aus dem Thermomix®

Gemüsespaghetti mit Nusspesto

Zubereitungszeit: 25 Minuten • Gesamtzeit: 40 Minuten

Zutaten für 4 Portionen

Für das Gemüse:
- 1000 g drehfähiges Gemüse (siehe Tipp)
- 300 g Wasser

Für das Pesto:
- 1 Knoblauchzehe
- 20 g Rucola
- ½ Bund Basilikum
- 20 g Pinienkerne
- 70 g Walnüsse
- 10 g Zitronensaft
- 100 g Olivenöl
- 1 TL Salz

Außerdem:
- Spiralschneider

1. Gemüse waschen, putzen und bei Bedarf schälen und entkernen. Mit einem Spiralschneider dünne Streifen abschneiden und in den Varoma-Behälter legen.

2. Wasser in den Mixtopf geben und das Gemüse **20 Minuten/Varoma/Stufe 1** dämpfen. Gemüsespaghetti herausnehmen und warm halten.

3. Inzwischen für das Pesto Knoblauch abziehen. Rucola waschen und trockenschütteln. Basilikum waschen, trockenschütteln und die Blätter abzupfen. Knoblauch, Rucola, Basilikum, Pinienkerne, Walnüsse, Zitronensaft, Olivenöl und Salz in den Mixtopf geben und **12 Sekunden/Stufe 6** mixen.

4. Das Pesto zu den noch warmen Gemüsespaghetti servieren.

Tipp: Für Gemüsespaghetti eignen sich alle Gemüsearten, die etwas Festigkeit und gleichzeitig eine gewisse Dehnfähigkeit aufweisen. Das können Zucchini, Karotten oder die sonst wenig beliebten Strünke von Brokkoli und Blumenkohl sein. Wer keinen Spiralschneider zur Hand hat, kann das Gemüse auch mit einem Sparschäler in dünnen Streifen abschneiden.

Veganes aus dem Thermomix®

Indischer Linsen-Dal

Zubereitungszeit: 20 Minuten • Gesamtzeit: 55 Minuten

Zutaten für 4 Portionen

Für den Reis:
- 1000 g Wasser
- 1 TL Salz
- 10 g Olivenöl
- 250 g Reis (z. B. Basmati)

Für den Dal:
- 2 Knoblauchzehen
- 5 Schalotten
- 10 g Ingwer
- 1 kleine Chilischote
- 200 g Tomaten
- 20 g Rapsöl
- 250 g rote Linsen
- 750 g Wasser
- 1 EL Currypulver
- 1 TL Kurkuma, gemahlen
- 1 TL Cumin (Kreuzkümmel), gemahlen
- 3 Gewürznelken
- 1 TL Koriander, gemahlen
- 1 TL Salz
- 20 g Zitronensaft

Außerdem:
- frische Kräuter nach Belieben

1. Für den Reis Wasser, Salz und Öl in den Mixtopf geben. Reis in den Gareinsatz geben, unter fließendem Wasser abspülen und abtropfen lassen. Den Gareinsatz einsetzen und den Reis **20 Minuten/100 °C/Stufe 1** garen.

2. Inzwischen für den Dal Knoblauch und Schalotten abziehen, den Ingwer schälen und alle drei Zutaten etwas klein schneiden. Chili waschen, halbieren und nach Bedarf entkernen. Tomaten waschen, putzen und vierteln.

3. Reis herausnehmen und warm halten. Mixtopf auswaschen.

4. Knoblauch-, Ingwer- und Chilistücke in den Mixtopf geben und **3 Sekunden/Stufe 8** zerkleinern.

5. Schalotten in den Mixtopf geben und **4 Sekunden/Stufe 5** zerkleinern.

6. Tomaten in den Mixtopf geben und **5 Sekunden/Stufe 4** zerkleinern.

7. Öl in den Mixtopf geben und **5 Minuten/120° aroma/↺/Stufe 1** andünsten.

8. Inzwischen Linsen in ein Sieb geben, unter fließendem Wasser abwaschen und abtropfen lassen.

9. Linsen in den Mixtopf geben, Wasser, Currypulver, Kurkuma, Cumin, Gewürznelken, Koriander und Salz dazugeben und **25 Minuten/100 °C/↺/Stufe 1** garen.

10. Dal auf Tellern anrichten. Mit Zitronensaft beträufeln und mit Reis servieren. Nach Belieben mit frischen Kräutern bestreuen.

Wraps mit Kichererbsenbällen

Zubereitungszeit: 1 Stunde 30 Minuten • Gesamtzeit: 1 Stunde 30 Minuten + Einweichzeit: 1 Nacht

Zutaten für 4 Portionen

Für die Tortillas:
- 400 g Mehl Type 550
- 60 g Olivenöl
- 200 g Wasser
- 2 TL Kurkuma
- 1 TL Salz

Für die Bällchen:
- 400 g Kichererbsen (eingeweicht)
- 4 Zweige Koriandergrün
- 4 Zweige Petersilie
- 4 Knoblauchzehen
- 3 Frühlingszwiebeln
- 40 g Paniermehl
- 1 ½ TL Salz
- 1 TL Cumin, gemahlen
- scharfe Chiliflocken
- 1 TL Backpulver

Avocado-Dip:
- 1 Schalotte
- 2 Avocados
- 200 g Tomaten
- 30 g Limettensaft
- ½ TL Salz
- Cayennepfeffer

Für die Füllung:
- 1 Salatgurke
- 2 rote Paprikaschoten
- 6 Frühlingszwiebeln
- 2 Tomaten
- 8 Blätter Lollo rosso

Außerdem:
- Rapsöl

1. Für die Tortillas alle Zutaten in den Mixtopf geben und in **20 Sekunden/Stufe 4** vermischen. Teig in acht Stücke teilen, zu Kugeln formen und auf einer bemehlten Arbeitsfläche zu runden, dünnen Teigfladen ausrollen.

2. Eine Pfanne ohne Fett erhitzen und die Tortillas bei mittlerer Hitze auf jeder Seite golden backen. Ein Küchentuch befeuchten und die Tortillas bis zum Befüllen darin einschlagen.

3. Für die Bällchen Kichererbsen abtropfen lassen und gut abspülen. Kräuter waschen und trockentupfen. Knoblauch abziehen, Frühlingszwiebeln waschen, putzen und in Stücke schneiden. Alles in den Mixtopf geben und **4 Sekunden/Stufe 8** zerkleinern.

4. Paniermehl, Salz, Cumin, Chiliflocken und Backpulver in den Mixtopf geben und **15 Sekunden/Stufe 8** pürieren.

5. Öl in einer Pfanne erhitzen. Aus der Masse kleine Kugeln formen, goldbraun backen und auf Küchenpapier abtropfen lassen.

6. Für den Dip Schalotte abziehen, in den Mixtopf geben, **3 Sekunden/Stufe 5** zerkleinern, mit dem Spatel nach unten schieben.

7. Avocados halbieren, die Kerne entfernen, das Fruchtfleisch mit einem Esslöffel von der Schale trennen und in den Mixtopf geben. Tomaten waschen und in Stücke schneiden. Tomatenstücke, Limettensaft, Salz und Cayennepfeffer in den Mixtopf geben und **8 Sekunden/Stufe 5** zerkleinern.

8. Für die Füllung Gemüse und Salat waschen und putzen. Gurke und Paprikaschote würfeln. Frühlingszwiebeln in Ringe und Tomaten in Scheiben schneiden.

9. Tortillas mit Avocado-Dip bestreichen und je zwei Kichererbsenbällchen und etwas Gemüse daraufsetzen. Die gefüllten Tortillas eng zu Wraps aufrollen.

Tipp: Wenn der Teig zu weich ist, etwas mehr Paniermehl hinzufügen und erneut verrühren.

Veganes aus dem Thermomix®

Kartoffel-Aprikosen-Auflauf

Zubereitungszeit: 20 Minuten • Gesamtzeit: 1 Stunde

Zutaten für 4 Portionen

- 40 g Cashewkerne
- 40 g geschälte Mandeln
- 500 g Wasser
- 1000 g vorwiegend festkochende Kartoffeln
- 1 Schalotte
- 20 g Olivenöl
- 150 getrocknete Aprikosen
- 400 g Kokosmilch
- 1 TL Bockshornkleesaat, gemahlen
- 1 Prise Kurkuma, gemahlen
- 1 TL Salz
- ½ TL weißer Pfeffer

Außerdem:
- 1 Auflaufform (ca. 30 x 20 cm)

1. Cashewkerne und Mandeln in den Mixtopf geben, **3 Sekunden/ Stufe 6** hacken und beiseite geben.

2. Wasser in den Mixtopf geben. Kartoffeln schälen, in 0,5 Zentimeter dicke Scheiben schneiden und in den Gareinsatz legen. Gareinsatz einsetzen und die Kartoffeln **20 Minuten/Varoma/ Stufe 1** dämpfen. Garkörbchen mit den Kartoffeln beiseite geben und Mixtopf ausspülen.

3. Die Schalotte abziehen, halbieren, in den Mixtopf geben und **3 Sekunden/Stufe 5** hacken.

4. Öl dazugeben und **3 Minuten/Varoma 120°/Stufe 1** dünsten.

5. Inzwischen Backofen auf 180 °C (Umluft 160 °C, Gas Stufe 2–3) vorheizen. Kartoffelscheiben in eine Auflaufform schichten.

6. Aprikosen in den Mixtopf geben und **7 Sekunden/Stufe 9** zerkleinern.

7. Kokosmilch und Gewürze dazugeben, **10 Sekunden/Stufe 5** vermischen und über die Kartoffeln geben.

8. Den Auflauf mit den gehackten Nüssen bestreuen und auf der mittleren Schiene des Backofens 20 Minuten backen.

Veganes aus dem Thermomix®

Ratatouille

Zubereitungszeit: 25 Minuten • Gesamtzeit: 55 Minuten

Zutaten für 4 Portionen

- 4 Knoblauchzehen
- 1 rote Zwiebel
- 30 g Olivenöl
- 400 g Tomaten
- 300 g rote Paprikaschoten
- 3 Zweige Rosmarin
- 2 Zweige Estragon
- 10 g Tomatenmark
- 1 TL Salz
- ¼ TL schwarzer Pfeffer
- 20 g brauner Zucker
- 250 g Zucchini
- 1 kleine Aubergine

1. Knoblauch abziehen, in den Mixtopf geben und **5 Sekunden/ Stufe 8** zerkleinern.

2. Zwiebel abziehen, halbieren, in den Mixtopf geben, **3 Sekunden/ Stufe 5** zerkleinern und mit dem Spatel nach unten schieben.

3. Öl dazugeben und **5 Minuten/120° aroma/↺/Stufe 1** andünsten.

4. Inzwischen Tomaten waschen, putzen und vierteln, Paprikaschoten waschen, putzen und in ca. 3 Zentimeter große Stücke schneiden.

5. Rosmarin und Estragon waschen, abzupfen, klein hacken und in den Mixtopf geben. Tomaten- und Paprikastücke, Tomatenmark, Salz, Pfeffer und Zucker dazugeben und **10 Minuten/100 °C/↺/ Sanftrührstufe** garen.

6. Inzwischen Zucchini waschen, putzen und würfeln. Aubergine waschen, Stielansatz entfernen, längs halbieren, erst in ca. 0,5 Zentimeter dicke Scheiben und dann in Würfel schneiden. Zucchini- und Auberginenwürfel in den Mixtopf geben und **25 Minuten/100 °C/↺/Sanftrührstufe** garen.

Farfalle mit Blumenkohl-Cashew-Sauce

Zubereitungszeit: 10 Minuten • Gesamtzeit: 30 Minuten

Zutaten für 4 Portionen

Für die Nudeln:
- 1500 g Wasser
- 1 TL Salz
- 500 g Farfalle

Für die Sauce:
- 200 g Blumenkohl
- 80 g Cashewkerne
- 40 g Olivenöl
- 300 g Gemüsebrühe
- 1 TL Dijonsenf
- 10 g Zitronensaft
- ¼ TL schwarzer Pfeffer
- ½ TL Salz
- ½ TL edelsüßes Paprikapulver
- 1 Prise frisch geriebene Muskatnuss

1. Wasser in den Mixtopf geben und in **14 Minuten/100 °C/Stufe 1** zum Kochen bringen.

2. Salz und Nudeln in den Mixtopf geben und ohne eingesetzten Messbecher **Zeit nach Packungsangabe/100 °C/↺/Stufe 1** kochen. Nudeln abseihen und warm halten.

3. Inzwischen für die Sauce den Blumenkohl waschen, putzen und in Stücke schneiden.

4. Blumenkohl, Cashewkerne, Öl, Brühe, Senf, Zitronensaft und Gewürze in den Mixtopf geben, **15 Minuten/100 °C/Stufe 1** kochen und anschließend **25 Sekunden/Stufe 8** pürieren.

5. Die Nudeln anrichten und die Blumenkohl-Cashew-Sauce dazu servieren.

Veganes aus dem Thermomix®

Tomate-Walnuss-Focaccia

Zubereitungszeit: 25 Minuten • Gesamtzeit: 1 Stunde 20 Minuten + Gehzeit: 1 Stunde 10 Minuten

Zutaten für 6 Stück

- 2 Knoblauchzehen
- 60 g Olivenöl
- 600 g Wasser zum Dämpfen
- 300 g mehligkochende Kartoffeln
- 20 g Tomatenmark
- 500 g Dinkelmehl Type 630
- 1 Würfel Hefe
- 180 g lauwarmes Wasser
- 80 g Olivenöl
- 1 TL Salz
- 400 g verschiedenfarbige Cocktailtomaten
- 40 g Walnüsse

Außerdem:
- Backpapier
- etwas Mehl

1. Knoblauch abziehen. Knoblauch und Öl in den Mixtopf geben, **5 Sekunden/Stufe 8** zerkleinern und beiseite geben.

2. Für den Teig 600 Gramm Wasser zum Dämpfen in den Mixtopf geben. Kartoffeln schälen, vierteln, in den Gareinsatz geben, Gareinsatz einsetzen und die Kartoffeln **30 Minuten/Varoma/Stufe 1** dämpfen. Garkörbchen mit den Kartoffeln beiseite geben und etwas auskühlen lassen. Mixtopf ausleeren.

3. Kartoffeln, Tomatenmark, Mehl, Hefe, 180 Gramm lauwarmes Wasser, Öl und Salz in den Mixtopf geben und **2:30 Minuten/Knetstufe** kneten. Teig herausnehmen, abdecken und an einem warmen Ort 45 Minuten gehen lassen.

4. Inzwischen ein Backblech mit Backpapier auslegen. Tomaten waschen und halbieren.

5. Teig mit Mehl bestäuben, bis er sich gut bearbeiten lässt. Teig in 6 Portionen teilen, zu ovalen Fladen ziehen und auf das Backblech legen. Tomaten und Walnüsse leicht in den Teig eindrücken. Focaccia abdecken und weitere 25 Minuten gehen lassen.

6. Inzwischen den Backofen auf 200 °C (Umluft 180 °C, Gas Stufe 3–4) vorheizen.

7. Die Focaccia auf der mittleren Schiene des Backofens 20 bis 25 Minuten backen. Vor dem Servieren das Knoblauchöl darüber geben.

Schlemmertöpfchen mit Salsa verde

Zubereitungszeit: 30 Minuten • Gesamtzeit: 1 Stunde 15 Minuten

Zutaten für 4 Portionen

Für die Sauce:
- 1 Bund gemischte Kräuter
- ½ Zitrone
- 20 g Kapern
- 50 g Olivenöl

Für die Kartoffeln:
- 600 g Frühkartoffeln oder sehr kleine Kartoffeln
- 500 g Wasser
- 1 TL Salz

Für die Pilze:
- 200 g Champignons
- 1 Knoblauchzehe
- 2 Schalotten
- 30 g Olivenöl
- 30 g Mehl
- 400 g Gemüsebrühe
- 20 g Sojasauce
- ¼ TL weißer Pfeffer

Zum Garnieren:
- 1 Handvoll Petersilie

1. Für die Sauce Kräuter waschen, trockenschütteln, Blätter abzupfen, in den Mixtopf geben, **3 Sekunden/Stufe 8** hacken und mit dem Spatel nach unten schieben.

2. Zitrone auspressen. Zitronensaft, Kapern und Öl in den Mixtopf geben, **3 Sekunden/Stufe 5** zerkleinern. Sauce beiseite geben.

3. Kartoffeln waschen und in den Gareinsatz geben. Wasser und Salz in den Mixtopf geben, Gareinsatz einsetzen und die Kartoffeln **30 Minuten/Varoma/Stufe 1** dämpfen.

4. Inzwischen für die Pilze die Champignons nach Bedarf waschen, putzen und in Scheiben schneiden.

5. Kartoffeln beiseite geben und warm halten. Mixtopf ausspülen.

6. Knoblauch und Schalotten abziehen, in den Mixtopf geben **3 Sekunden/Stufe 8** zerkleinern und mit dem Spatel nach unten schieben.

7. Olivenöl und die Champignonscheiben in den Mixtopf geben und **17 Minuten/100 °C/↺/Stufe 1** dünsten.

8. Mit Mehl bestäuben, **2 Minuten/100 °C/↺/Stufe 1** dünsten.

9. Gemüsebrühe, Sojasauce und Pfeffer dazugeben und ohne eingesetzten Messbecher **10 Minuten/100 °C/↺/Stufe 1** kochen.

10. Inzwischen Petersilie waschen, trockenschütteln und hacken. Schlemmertöpfchen mit Petersilie garnieren und mit Kartoffeln und Salsa verde servieren.

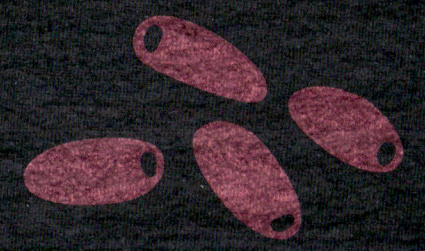

REZEPTE

HERZHAFTES GEBÄCK

AUS DEM THERMOMIX®

Herzhaftes Gebäck aus dem Thermomix®

Körnerbürli

Zubereitungszeit: 15 Minuten • Gesamtzeit: 40 Minuten + Gehzeit: 45 Minuten

Zutaten für 8 Stück

- 400 g Wasser
- 30 g Leinsamen
- 170 g Dinkelkörner
- 170 g Weizenkörner
- ½ Würfel Hefe
- ½ Päckchen Backpulver
- 1 TL Salz
- 1 TL Zucker
- 20 g Rapsöl

Zum Bestreuen:
- Körner und Flocken

1. 200 Gramm Wasser aufkochen. Leinsamen in einer Schale damit übergießen und 45 Minuten quellen lassen.

2. Körner in den Mixtopf geben, **1 Minute/Stufe 10** mahlen. 200 Gramm lauwarmes Wasser, Hefe, Backpulver, Salz, Zucker und Öl dazugeben und **2 Minuten/Knetstufe** zu einem glatten Teig kneten. Abdecken und 30 Minuten gehen lassen.

3. Leinsamen abtropfen lassen und in den Mixtopf geben. Erneut **3 Minuten/Knetstufe** kneten. Ein Gefäß mit Wasser in den Backofen stellen. Backofen auf 225 °C (Umluft 210 °C, Gas Stufe 5) vorheizen. Ein Backblech mit Backpapier auslegen.

4. 8 Häufchen Teig auf das Backblech setzen, befeuchten und mit Körnern bestreuen. Brötchen 15 bis 20 Minuten backen.

Low Carb Frühstückstaler

Zubereitungszeit: 15 Minuten • Gesamtzeit: 35 Minuten + Zeit zum Auskühlen

Zutaten für ca. 20 Stück

- 5 Eier, getrennt
- ½ TL Salz
- 1 TL Zitronensaft
- 100 g Mandeln
- 300 g Magerquark
- 10 g Agavendicksaft
- ½ Päckchen Backpulver

Zum Bestreuen:
- Körner und Samen (z. B. Sonnenblumenkerne, Kürbiskerne)

1. Rühraufsatz einsetzen. Eiweiß, Salz und Saft in den Mixtopf geben und **4 Minuten/Stufe 3,5** schlagen. Beiseite geben.

2. Rühraufsatz entfernen. Mixtopf ausspülen und trocknen. Backofen auf 180 °C (Umluft 160 °C, Gas Stufe 2–3) vorheizen.

3. Mandeln in den Mixtopf geben und **16 Sekunden/Stufe 10** mahlen. Eigelb, Quark, Agavendicksaft und Backpulver dazugeben und **5 Sekunden/Stufe 8** mixen.

4. Quarkmischung unter das Eiweiß in der Schüssel heben.

5. Zwei Backbleche mit Backpapier belegen. Mit Abstand zueinander Teigmasse in Talern darauf setzen. Mit Körnern und Samen bestreuen. 15 Minuten backen und im Backofen auskühlen lassen.

Herzhaftes Gebäck aus dem Thermomix®

Minibrotlaibe

Zubereitungszeit: 10 Minuten • Gesamtzeit: 1 Stunde 10 Minuten + Gehzeit: 1 Stunde 45 Minuten

Zutaten für 2 Stück

Für den Teig:
- 350 g Mehl Type 550
- 100 g Roggenmehl Type 1150
- 240 g lauwarmes Wasser
- 20 g Honig
- 1 Würfel Hefe
- 2 TL Salz

Außerdem:
- Mehl für die Arbeitsfläche
- 1 feuerfestes Gefäß
- 300 g Wasser für den Backofen
- Backpapier
- lauwarmes Wasser zum Bestreichen

1. Für den Teig alle Zutaten in den Mixtopf geben und **3 Minuten/ Knetstufe** kneten. Abdecken und 1 Stunde gehen lassen.

2. Teig halbieren und auf einer bemehlten Arbeitsfläche zwei Kugeln formen. Die Brotrohlinge abdecken und 45 Minuten an einem warmen Ort gehen lassen.

3. Inzwischen ein feuerfestes Gefäß mit Wasser füllen und auf den Boden des Backofens stellen. Backofen auf 200 °C (Umluft 180 °C, Gas Stufe 3–4) vorheizen. Ein Backblech mit Backpapier auslegen.

4. Die Brotrohlinge auf das Backblech setzen, mit Wasser bestreichen und auf der mittleren Schiene des Backofens 50 bis 60 Minuten backen.

Vorsicht, beim Öffnen des Backofens entweicht heißer Dampf!

Tipp: Die Brotlaibe eignen sich gut als Schälchen für Salate oder Suppen, wie zu unserer Gulaschsuppe auf Seite 39. Dazu die Brotrohlinge vor dem Backen mit einem scharfen Messer so einschneiden, dass ein Kreis entsteht. Nach dem Backen und Auskühlen der Brote den Kreis nachschneiden, Deckel abnehmen, das weiche Innere herauslösen und den Rest festdrücken. So kann das Brot als Schale zum Befüllen dienen.

Mediterrane Minibaguettes

Zubereitungszeit: 20 Minuten • Gesamtzeit: 45 Minuten + Gehzeit: 1 Stunde 30 Minuten

Zutaten für 10 Stück

- 50 g eingelegte, getrocknete Tomaten
- 30 g eingelegte, scharfe Peperoni, gestückelt
- 100 g Schafsfeta
- ½ Würfel Hefe
- 170 g warmes Wasser
- 550 g Mehl Type 550
- 1 TL Honig
- 1 TL Salz

Außerdem:
- Mehl, Wasser

1. Tomaten und Peperoni abtropfen lassen. Tomaten und Feta in den Mixtopf geben und **6 Sekunden/Stufe 4** zerkleinern. Hefe, Wasser, Mehl, Honig und Salz zufügen und **3 Minuten/Knetstufe** kneten. Peperoni zufügen und **1 Minute/Knetstufe** einkneten. Beiseite geben, abdecken und 1 Stunde gehen lassen.

2. Ein feuerfestes Gefäß mit Wasser füllen und auf den Boden des Backofens stellen. Ein Backblech mit Backpapier auslegen.

3. Teig rechteckig, etwa 1 Zentimeter dick ausrollen und in zehn längliche Stücke schneiden. Von der langen Seite her aufrollen und auf das Backblech legen. Abdecken und weitere 30 Minuten gehen lassen. Backofen auf 220 °C (Umluft 200 °C, Gas Stufe 4–5) vorheizen. Die Minibaguettes mit Wasser einstreichen und auf der mittleren Schiene des Backofens 20 Minuten backen.

Laugenstrietzel mit Sesam

Zubereitungszeit: 25 Minuten • Gesamtzeit: 50 Minuten + Gehzeit: 30 Minuten

Zutaten für 10 Stück

- ½ Würfel Hefe
- 1 EL Zucker
- 500 g Mehl
- 220 g lauwarmes Wasser
- 5 g Rapsöl
- 1 TL Salz
- 1 Liter Wasser
- 30 g Natron

Zum Bestreuen:
- 2 EL Sesam

1. Hefe, Zucker, Mehl, Wasser, Öl und Salz im Mixtopf **3 Minuten/Knetstufe** kneten. Abdecken und 30 Minuten gehen lassen.

2. Auf dem Herd Wasser mit Natron mischen und zum Kochen bringen. Backofen auf 180 °C (Umluft 160 °C, Gas Stufe 2–3) vorheizen. Ein Backblech mit Backpapier auslegen.

3. Teig nochmals **1 Minute/Knetstufe** kneten. Zehn Stränge mit ca. 1,5 Zentimeter Durchmesser daraus formen, jeweils ein »U« legen, dieses ineinander verdrehen und die Enden festdrücken.

4. Strietzel nacheinander mit einer Schaumkelle 30 Sekunden in die kochende Natronlauge tauchen, dabei drehen, sodass sie überall nass werden. Kurz abtropfen lassen und auf das Backblech legen. Mit Sesam bestreuen. 25 Minuten backen, bis sie goldbraun sind.

Vierkornbaguette

Zubereitungszeit: 15 Minuten • Gesamtzeit: 40 Minuten + Gehzeit: 4 Stunden

Zutaten für 2 Stück

Für den Teig:
- 150 g Weizenkörner
- 100 g Dinkelkörner
- 100 g Roggenmehl Type 1150
- 100 g Weizenmehl Type 550
- 50 g kernige Haferflocken
- 60 g Wasser
- 10 g brauner Zucker
- 1 Würfel Hefe
- 2 TL Salz
- 75 g flüssiger Sauerteig (beim Bäcker vorbestellen oder Reformhaus)
- 150 g Buttermilch

Außerdem:
- 1 feuerfestes Gefäß
- 300 g Wasser für den Backofen
- Backpapier
- Mehl für die Arbeitsfläche

1. Weizenkörner und Dinkelkörner in den Mixtopf geben und **1 Minute/Stufe 10** mahlen.

2. Roggenmehl, Weizenmehl, Haferflocken, Wasser, Zucker und Hefe in den Mixtopf geben und **20 Sekunden/Stufe 4** verrühren. Abdecken und 30 Minuten gehen lassen.

3. Salz, Sauerteig und Buttermilch dazugeben und **2 Minuten/Knetstufe** mithilfe des Spatels kneten. Zu einer Kugel formen, abdecken und 3 Stunden an einem warmen Ort gehen lassen.

4. Ein feuerfestes Gefäß mit Wasser füllen und auf den Boden des Backofens stellen. Ein Backblech mit Backpapier auslegen.

5. Den Teig in zwei Portionen teilen und von Hand gut durchkneten. Jede Portion auf einer bemehlten Arbeitsfläche zu einem etwa 30 Zentimeter langen Baguette formen, auf das Backblech legen und in einem Abstand von ca. 2 Zentimeter schräg einschneiden. Abdecken und weitere 30 Minuten gehen lassen.

6. Backofen auf 225 °C (Umluft 210 °C, Gas Stufe 5) vorheizen.

7. Die Baguettes mit etwas Wasser einstreichen und auf der mittleren Schiene des Backofens 25 bis 30 Minuten backen.

Variante Rosmarinfüllung: *Für 1 Baguette die Nadeln von 2 Zweigen Rosmarin abzupfen. Rosmarinnadeln, 100 Gramm Olivenöl und ½ Teelöffel Salz in den Mixtopf geben und 15 Sekunden/Stufe 7 vermischen. Das Baguette 3 Minuten vor Ende des Backvorgangs aus dem Backofen nehmen, an den vorgeschnittenen Stellen aufschneiden, mit Rosmarinöl befüllen und fertig backen.*

Variante Käsefüllung: *Für 1 Baguette 60 Gramm Parmesan in den Mixtopf geben und 8 Sekunden/Stufe 8 reiben. 50 Gramm Schmand, 10 Gramm Tomatenmark, 1 Teelöffel Oregano und ¼ Teelöffel Salz dazugeben und 10 Sekunden/Stufe 4 vermischen. Das Baguette 3 Minuten vor Ende des Backvorgangs aus dem Backofen nehmen, an den vorgeschnittenen Stellen aufschneiden, mit der Käsemischung befüllen und fertig backen.*

REZEPTE
AUFSTRICHE
AUS DEM THERMOMIX®

Grillbutter

Zubereitungszeit: 10 Minuten • Gesamtzeit: 10 Minuten

Zutaten für ca. 250 g

- 1 Knoblauchzehe
- 20 g getrocknete Tomaten
- ¼ Bund Basilikum
- 200 g weiche Butter
- 20 g Tomatenmark
- 1 TL Salz

Außerdem:
- 1 Butterform

1. Knoblauch abziehen. Knoblauch und Tomaten in den Mixtopf geben und 5 Sekunden/Stufe 8 hacken.

2. Basilikum waschen, trockenschütteln, Blättchen abzupfen, in den Mixtopf geben und 3 Sekunden/Stufe 8 hacken.

3. Butter in Stücke schneiden. Butterstücke, Tomatenmark und Salz in den Mixtopf geben und 20 Sekunden/Stufe 3 vermischen.

4. Grillbutter in eine Form geben, abdecken und im Kühlschrank festwerden lassen.

Karotten-Walnuss-Aufstrich

Zubereitungszeit: 10 Minuten • Gesamtzeit: 15 Minuten

Zutaten für ca. 650 g

- 70 g Walnusskerne
- 500 g Karotten
- 50 g Rapsöl
- 20 g Tomatenmark
- 1 TL Salz
- ½ TL Bockshornkleesaat, gemahlen

1. Walnusskerne in den Mixtopf geben und 3 Sekunden/Stufe 5 hacken.

2. Karotten waschen, putzen, schälen, in Stücke schneiden und in den Mixtopf geben. Öl zufügen, 3 Sekunden/Stufe 5 zerkleinern und mit dem Spatel nach unten schieben.

3. Die Creme 9 Minuten/100 °C/Stufe 1 andünsten.

4. Tomatenmark, Salz und Bockshornkleesaat in den Mixtopf geben und 10 Sekunden/Stufe 7 mixen. Mit dem Spatel nach unten schieben und nochmals 10 Sekunden/Stufe 7 mixen.

Info: Passt gut zum Vierkornbaguette von Seite 118.

Kichererbsencreme

Zubereitungszeit: 5 Minuten • Gesamtzeit: 5 Minuten

Zutaten für ca. 500 g

- 400 g Kichererbsen (Abtropfgewicht Dose)
- 1 Knoblauchzehe
- 20 g Zitronensaft
- 20 g Olivenöl
- 1 TL Cumin (Kreuzkümmel), gemahlen
- ½ TL Salz
- 1 Prise Zucker

Zum Bestreuen:
- 1 EL Sesamsaat
- Chiliflocken nach Geschmack

1. Kichererbsen abtropfen lassen. Knoblauch abziehen.
2. Kichererbsen, Knoblauch, Zitronensaft, Olivenöl, Kreuzkümmel, Salz und Zucker in den Mixtopf geben und mithilfe des Spatels **50 Sekunden/Stufe 6** pürieren.
3. Die Creme in ein Schälchen füllen und mit Sesam und Chiliflocken bestreuen.

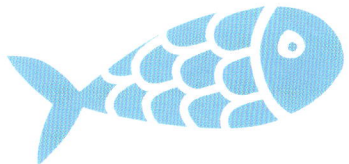

Räucherforellencreme

Zubereitungszeit: 10 Minuten • Gesamtzeit: 10 Minuten

Zutaten für ca. 500 g

- 4 Zweige Dill
- 1 EL Kapern, abgetropft
- 200 g Frischkäse
- 50 g Crème fraîche
- 1 TL Dijonsenf
- ½ TL schwarzer Pfeffer
- 200 g geräucherte Forellenfilets

1. Dill waschen, trockenschütteln, die Blättchen abzupfen und in den Mixtopf geben. Kapern, Frischkäse, Crème fraîche, Senf und Pfeffer dazugeben und **15 Sekunden/Stufe 3** vermischen.
2. Forellenfilets auf Gräten kontrollieren, in Stücke schneiden, in den Mixtopf geben und **4 Sekunden/Stufe 2** zerkleinern.

Info: Passt gut zu den Körnerbürlis von Seite 114.

Aufstriche aus dem Thermomix®

Trauben-Weißwein-Konfitüre

Zubereitungszeit: 10 Minuten • Gesamtzeit: 20 Minuten

Zutaten für 4 Gläser

- 800 g kernlose helle Weintrauben
- 50 g Weißwein
- 2 EL Zitronensaft
- 450 g Gelierzucker 2:1
- ½ TL Zimtpulver

Außerdem:
- 4 sterilisierte Einmachgläser (à 250 ml)

1. Weintrauben waschen und verlesen. Mit Wein und Zitronensaft in den Mixtopf geben und **4 Sekunden/Stufe 5** zerkleinern.

2. Gelierzucker und Zimt dazugeben und **10 Minuten/100 °C/Stufe 2** kochen.

3. Gelierprobe machen, in sterile Schraubgläser füllen, auf den Deckel drehen und nach 5 Minuten wieder umdrehen.

4. Die Konfitüre kühl und trocken lagern.

Hinweis: Die Trauben müssen einwandfrei sein, da die Konfitüre sonst schnell verderben kann.

Tipp: Wer die Trauben feiner zerkleinert haben möchte, kann beim ersten Schritt 7 Sekunden/Stufe 8 pürieren.

Info: Für eine Gelierprobe etwas Konfitüre auf einen kleinen kalten Teller geben und kurz darauf den Teller schräg halten. Dabei sollte die Fruchtmasse nicht verlaufen, sondern erstarrt sein.

Info: Zum Sterilisieren ein sauberes Küchentuch auf ein Backblech legen und die Deckel und Gläser mit der Öffnung nach unten daraufstellen. In den Backofen schieben und die Gläser bei 100 °C (Umluft 80 °C/Gas Stufe 1) gute 10 Minuten erhitzen.

RAFFINIERTE

PARTYREZEPTE

AUS DEM THERMOMIX®

Partyrezepte aus dem Thermomix®

Käsemuffins im Speckmantel

Zubereitungszeit: 15 Minuten • Gesamtzeit: 35 Minuten

Zutaten für 12 Stück

Für den Teig:
- 80 g Gouda
- 80 g Cheddar
- 150 g Karotten
- 200 g Brokkoliröschen
- 250 g Mehl
- ½ Päckchen Backpulver
- ½ TL Salz
- 70 g weiche Butter
- 2 Eier
- 130 g Milch

Außerdem:
- 1 Muffinblech
- 12 Scheiben Speck

1. Backofen auf 180 °C (Umluft 160 °C, Gas Stufe 2–3) vorheizen.

2. Käse in Stücke schneiden, in den Mixtopf geben, **5 Sekunden/Stufe 6** zerkleinern und beiseite geben.

3. Karotten waschen, schälen, putzen, in Stücke schneiden, in den Mixtopf geben und **4 Sekunden/Stufe 5** zerkleinern.

4. Den Brokkoli waschen, in den Mixtopf geben und **4 Sekunden/Stufe 5** zerkleinern. Gemüse zum Käse geben.

5. Mehl, Backpulver, Salz, Butter, Eier und Milch in den Mixtopf geben und **30 Sekunden/Stufe 5** vermischen.

6. Käse, Karotten und Brokkoli dazugeben und **10 Sekunden/Stufe 4** vermischen.

7. Die Vertiefungen des Muffinblechs mit Speck auskleiden. Teig einfüllen und die Muffins auf der mittleren Schiene des Backofens 15 bis 20 Minuten backen.

Partyrezepte aus dem Thermomix®

Pizzakranz

Zubereitungszeit: 25 Minuten • Gesamtzeit: 55 Minuten + Gehzeit: 30 Minuten

Zutaten für 1 Kranz

Für den Teig:
- 360 g Mehl
- 180 g lauwarmes Wasser
- ½ Würfel Hefe
- 25 g Olivenöl
- 1 TL Salz
- 1 Prise Zucker

Für die Sauce:
- 2 Knoblauchzehen
- 20 g Tomatenmark
- 150 g Crème fraîche
- ½ TL Salz
- ¼ TL Pfeffer
- 1 EL Pizzagewürz

Für die Füllung:
- 200 g Gouda
- 100 g Champignons
- 50 g Salamischeiben

Zum Bestreichen:
- 1 Ei

Außerdem:
- Backpapier
- Mehl für die Arbeitsfläche

1. Den Käse für die Füllung in den Mixtopf geben, **10 Sekunden/Stufe 5** reiben und beiseite geben.

2. Für den Teig Mehl, Wasser, Hefe, Öl, Salz und Zucker in den Mixtopf geben und **2 Minuten/Knetstufe** kneten. Teig in eine Schüssel geben, abdecken und 30 Minuten an einem warmen Ort gehen lassen.

3. Backofen auf 200 °C (Umluft 180 °C, Gas Stufe 3–4) vorheizen. Ein Backblech mit Backpapier auslegen.

4. Für die Pizzasauce Knoblauch abziehen, in den Mixtopf geben, **4 Sekunden/Stufe 8** zerkleinern und mit dem Spatel nach unten schieben.

5. Tomatenmark, Crème fraîche, Salz, Pfeffer und Pizzagewürz dazugeben und **5 Sekunden/Stufe 3** verrühren.

6. Für die Füllung Champignons putzen und in Scheiben schneiden. Salamischeiben vierteln.

7. Teig auf einer bemehlten Arbeitsfläche zu einem ca. 30 x 50 Zentimeter großen Rechteck ausrollen und von unten (breitere Seite) nach oben zu ¾ mit der Pizzasauce bestreichen. Mit Pilzen, Salami und Käse belegen (Bild 1). Den belegten Teig von unten nach oben aufrollen (Bild 2).

8. Die Rolle auf das Backblech legen, zu einem Kranz formen und die Enden gut zusammendrücken. Kranz an der äußeren Seite im Abstand von etwa 5 Zentimeter einschneiden, aber nicht durchschneiden, die Stücke leicht herausziehen und um eine Vierteldrehung versetzt wieder ablegen (Bild 3).

9. Ei verquirlen. Den Pizzakranz damit bestreichen und auf der mittleren Schiene des Backofens 25 bis 30 Minuten backen.

Mariniertes Gemüse

Zubereitungszeit: 35 Minuten • Gesamtzeit: 1 Stunde + Ruhezeit: 3 Stunden

Zutaten für 4 Portionen

- 200 g Karotten
- 1 Aubergine
- 300 g Zucchini
- 100 g Champignons
- 3 Paprikaschoten
- 500 g Gemüsebrühe
- 2 Zwiebeln

Für die Marinade:
- 3 Knoblauchzehen
- 1 Limette
- 60 g weißer Aceto balsamico
- 15 g Zucker
- 1 TL Salz
- ½ TL schwarzer Pfeffer
- 200 g Olivenöl
- 1 Handvoll Basilikumblätter
- 1 Zweig Oregano

1. Gemüse waschen und putzen. Karotten schälen und in 0,5 Zentimeter dicke Scheiben schneiden. Aubergine und Zucchini in 1 Zentimeter dicke Scheiben schneiden. Champignons in 0,5 Zentimeter dicke Scheiben schneiden.

2. Brühe in den Mixtopf geben. Karotten, Aubergine, Zucchini und Champignons in den Varoma-Behälter legen. Varoma-Behälter aufsetzen und das Gemüse **15 Minuten/Varoma/Stufe 1** garen.

3. Inzwischen Paprikaschoten in 1 bis 2 Zentimeter breite Streifen schneiden. In den Varoma-Einlageboden legen. Zwiebeln abziehen, in Ringe schneiden und dazulegen.

4. Varoma-Einlageboden in Varoma-Behälter einsetzen und das gesamte Gemüse **15 Minuten/Varoma/Stufe 1** garen.

5. Gemüse in eine Schale geben. Mixtopf ausleeren und ausspülen.

6. Für die Marinade Knoblauch abziehen, in den Mixtopf geben und **3 Sekunden/Stufe 8** zerkleinern. Limette auspressen und den Saft in den Mixtopf geben. Essig, Zucker, Salz und Pfeffer in den Mixtopf geben. **Stufe 4** einstellen und das Öl bei eingesetztem Messbecher auf den Deckel gießen. Sobald das Öl komplett zu den übrigen Zutaten eingeträufelt ist, Thermomix® abschalten.

7. Basilikum und Oregano waschen, die Blätter abzupfen und unter die Marinade mischen.

8. Gemüse mit der Marinade vermischen. Abdecken und für mindestens 3 Stunden ziehen lassen.

Chili con Cabanossi

Zubereitungszeit: 20 Minuten • Gesamtzeit: 55 Minuten

Zutaten für 4 Portionen

- 1 rote Paprikaschote
- 1 Chilischote
- 1 Zwiebel
- 4 Knoblauchzehen
- 20 g Rapsöl
- 100 g Cabanossi
- 300 g Hackfleisch vom Rind
- 150 g Rinderbrühe
- 400 g stückige Tomaten (Dose)
- 200 g Mais (Dose), abgetropft
- 500 g Kidneybohnen (Dose), abgetropft
- 50 g Tomatenmark
- 1 TL ungesüßtes Kakaopulver
- 1 TL Salz
- ¼ TL Pfeffer
- ½ TL Zucker
- 1 TL Cumin (Kreuzkümmel), gemahlen
- 1 Prise Cayennepfeffer

Zum Garnieren:
- 200 g Schmand

1. Paprikaschote waschen, vierteln, putzen, in den Mixtopf geben, **5 Sekunden/Stufe 4** zerkleinern und beiseite geben.

2. Chilischote waschen, halbieren, entkernen und in den Mixtopf geben. Zwiebel abziehen und halbieren, Knoblauch abziehen. Beides in den Mixtopf geben, **3 Sekunden/Stufe 8** zerkleinern und mit dem Spatel nach unten schieben.

3. Öl dazugeben und **3 Minuten/120°/aroma** andünsten.

4. Inzwischen Cabanossi in Würfel schneiden. Cabanossi und Hackfleisch in den Mixtopf geben und **6 Minuten/120°/aroma/ Sanftrührstufe** andünsten.

5. Brühe, Paprika, Tomaten, Mais, Bohnen, Tomatenmark, Kakaopulver und alle Gewürze dazugeben und **25 Minuten/ Stufe 1** kochen. Anrichten und mit Schmand servieren.

Tipp: Dazu passen die Vierkornbaguettes von Seite 118.

Linsenbällchen mit Koriander-Joghurt-Dip

Zubereitungszeit: 25 Minuten • Gesamtzeit: 1 Stunde 10 Minuten

Zutaten für ca. 20 bis 25 Stück

Für den Dip:
- 3 Zweige Koriandergrün
- 250 g Sahnejoghurt (10 % Fett)
- ½ TL Salz
- 1 EL Olivenöl

Für die Bällchen:
- 1 Stück Ingwer (1 cm)
- 2 Knoblauchzehen
- ½ Bund Petersilie
- 4 Frühlingszwiebeln
- 480 g Gemüsebrühe
- 220 g rote Linsen
- ½ TL Salz
- 100 g feiner Bulgur
- 20 g Tomatenmark
- 20 g Olivenöl
- 30 g Zitronensaft
- 1 Messerspitze Zimtpulver
- 1 TL scharfe Chiliflocken
- 1 TL Cumin (Kreuzkümmel), gemahlen

1. Für den Dip Koriandergrün waschen, trockentupfen, Blätter abzupfen, in den Mixtopf geben, **4 Sekunden/Stufe 8** zerkleinern und mit dem Spatel nach unten schieben.

2. Joghurt und Salz dazugeben und **6 Sekunden/Stufe 3** verrühren. In eine Schale füllen und mit Öl beträufeln. Den Dip in den Kühlschrank stellen.

3. Für die Linsenbällchen Ingwer schälen. Knoblauch abziehen. Petersilie waschen, trockenschütteln und Blätter abzupfen. Frühlingszwiebeln putzen und in Stücke schneiden. Ingwer, Knoblauch, Petersilie und Frühlingszwiebeln in den Mixtopf geben, **3 Sekunden/Stufe 8** zerkleinern und beiseite geben.

4. Gemüsebrühe in den Mixtopf geben. Rote Linsen in einem Sieb unter fließendem Wasser waschen, in den Mixtopf geben und **18 Minuten/100 °C/↺/Stufe 2** garen.

5. Das Salz und den Bulgur dazugeben und **3 Minuten/100 °C/↺/Stufe 2** garen. Den Mixtopfdeckel abnehmen und die Masse 25 Minuten quellen lassen.

6. Ingwer-Petersilien-Mischung, Tomatenmark, Öl, Zitronensaft und Gewürze zur Linsen-Bulgur-Masse geben und **30 Sekunden/Stufe 4** vermischen.

7. Aus dem Teig kleine Kugeln mit ca. 3 Zentimeter Durchmesser formen. Warm oder kalt mit dem Dip servieren.

Tipp: Zum Anrichten Friséesalat waschen, trockenschwenken, auf einer Platte anrichten und die Linsenbällchen darauf platzieren. Zitronenschnitze und Chiliflocken dazu reichen.

REZEPTE

NACHTISCH

AUS DEM THERMOMIX®

Nachtisch aus dem Thermomix®

Frozen Joghurt Ananas-Zitrone

Zubereitungszeit: 10 Minuten • Gesamtzeit: 10 Minuten + Gefrierzeit

Zutaten für 4 Portionen

- 300 g Ananasfruchtfleisch
- 1 Zitrone
- 70 g Agavensirup
- 600 g Naturjoghurt (3,5 % Fett)

Außerdem:
- Eismaschine oder gefrierfeste Form

1. Ananas in Stücke schneiden und in den Mixtopf geben. Zitrone auspressen. Zitronensaft und Agavensirup in den Mixtopf geben und **10 Sekunden/Stufe 8** pürieren.

2. Joghurt in den Mixtopf geben und **30 Sekunden/Stufe 4** verrühren. Die Masse in eine Eismaschine oder in eine gefrierfeste Form geben und einfrieren.

Erdbeereis mit Schokostreusel

Zubereitungszeit: 15 Minuten • Gesamtzeit: 20 Minuten + Gefrierzeit

Zutaten für 4 Portionen

Für das Erdbeereis:
- 120 g Zucker
- 400 g Erdbeeren
- 80 g Milch
- 180 g Sahne

Schokostreusel:
- 100 g Zartbitterkuvertüre
- 50 g gehärtetes Kokosfett

Außerdem:
- Eismaschine oder gefrierfeste Form

1. Für das Erdbeereis den Zucker in den Mixtopf geben und **10 Sekunden/Stufe 10** pulverisieren.

2. Die Erdbeeren waschen, putzen, in den Mixtopf geben und **15 Sekunden/Stufe 7** pürieren.

3. Milch und Sahne dazugeben und **10 Sekunden/Stufe 3** verrühren. In eine Eismaschine oder in eine gefrierfeste Form geben und einfrieren, bis sich das Eis gerade noch durchrühren lässt.

4. Inzwischen für die Schokostreusel Kuvertüre in Stücke brechen. Kuvertüre und Kokosfett in den Mixtopf geben, **10 Sekunden/Stufe 5** zerkleinern, mit dem Spatel nach unten schieben und anschließend **5 Minuten/40 °C/Stufe 2** erwärmen.

5. Geschmolzene Kuvertüre schnell in das halbgefrorene Eis einrühren. Das Eis sofort servieren oder im Gefrierschrank einfrieren.

Schnelle Eiscreme

Zubereitungszeit: 5 Minuten • Gesamtzeit: 5 Minuten

Zutaten für 4 Portionen

- 90 g brauner Zucker
- 600 g tiefgekühltes Obst
- 100 g Quark (40 % Fett)
- 150 g Sahne

1. Zucker in den Mixtopf geben und **8 Sekunden/Stufe 10** pulverisieren.

2. Obst nach Wahl in den Mixtopf geben und mithilfe des Spatels **20 Sekunden/Stufe 8** zerkleinern.

3. Quark und Sahne dazugeben, mithilfe des Spatels **30 Sekunden/Stufe 5** zu einem cremigen Eis verrühren. Sofort servieren.

Hinweis: Die Süße dieser schnellen Eiscreme hängt von der Auswahl und dem Reifegrad der Früchte ab. Bei Bedarf weniger oder mehr Zucker verwenden.

Rotweinbirnen

Zubereitungszeit: 15 Minuten • Gesamtzeit: 45 Minuten

Zutaten für 4 Portionen

- 4 Birnen
- 1 Vanilleschote
- 80 g Zucker
- ½ TL unbehandelte Orangenschale
- 500 g Rotwein
- 50 g Portwein
- 1 Zimtstange
- 4 Gewürznelken

1. Die Birnen waschen, schälen, halbieren und die Kerngehäuse entfernen. Das Fruchtfleisch in den Varoma-Einlageboden und den Varoma-Behälter legen.

2. Die Vanilleschote längs aufschlitzen und das Mark herauskratzen. Vanilleschote, Vanillemark, Zucker, Orangenschale, Rotwein, Portwein, Zimtstange und Gewürznelken in den Mixtopf geben, Varoma aufsetzen, **30 Minuten/Varoma/↺/Stufe 1** dämpfen.

3. Birnen anrichten. Sauce durch den Gareinsatz seihen und über die Birnen verteilen.

Tipp: Werden die Birnen über Nacht in der Sauce eingelegt, schmecken sie intensiver nach Wein und Gewürzen.

Tipp: Auf die Birnenhälften jeweils eine Kugel Vanilleeis setzen. Das Rezept dazu steht auf Seite 180.

Dessert à la Crème Brûlée

Zubereitungszeit: 10 Minuten • Gesamtzeit: 1 Stunde 20 Minuten + Kühlzeit

Zutaten für 4 Portionen

- 50 g brauner Zucker
- 1 Vanilleschote
- 200 g Sahne
- 150 g Crème fraîche
- 30 g Orangenlikör
- 5 Eigelb

Zum Karamellisieren:
- 70 g brauner Zucker

Außerdem:
- 4 kleine flache ofenfeste Förmchen
- 1 Auflaufform (ca. 30 x 20 cm)
- heißes Wasser
- Gasbrenner

1. Backofen auf 140 °C (Umluft 120 °C, Gas Stufe 1) vorheizen.

2. Zucker in den Mixtopf geben und **10 Sekunden/Stufe 10** pulverisieren.

3. Vanilleschote längs aufschlitzen und das Mark herauskratzen. Vanilleschote, Vanillemark, Sahne, Crème fraîche, Likör und Eigelb in den Mixtopf geben und **30 Sekunden/Stufe 4** verrühren.

4. Creme in ofenfeste Förmchen portionieren. Eine Auflaufform auf die mittlere Schiene des Backofens geben und die Förmchen hineinsetzen. So viel heißes Wasser in die Auflaufform schütten, dass die Förmchen zur Hälfte im Wasser stehen. Die Creme 70 Minuten stocken lassen.

5. Die Förmchen aus dem Backofen holen und die Creme komplett auskühlen lassen.

6. Kurz vor dem Servieren die Creme mit braunem Zucker bestreuen und diesen mithilfe eines Gasbrenners karamellisieren.

Tipp: Wer keinen Gasbrenner zur Hand hat, kann das Dessert auch unter dem Backofengrill karamellisieren.

Kokos-Himbeer-Schichtdessert

Zubereitungszeit: 10 Minuten • Gesamtzeit: 10 Minuten

Zutaten für 4 Portionen

- 90 g brauner Zucker
- 50 g Kokosraspel
- 200 g Himbeeren
- 200 g Mascarpone
- 200 g Schmand
- 30 g Kokosmilch
- 10 g weißer Rum

Zum Garnieren:
- Koskosraspel
- Himbeeren

1. Zucker **10 Sekunden/Stufe 10** pulverisieren und beiseite geben.

2. Für die Himbeermasse 30 Gramm Puderzucker, Kokosraspel und Himbeeren in den Mixtopf geben, **5 Sekunden/Stufe 3** zerkleinern und beiseite geben. Mixtopf ausspülen.

3. Für die Creme 60 Gramm Puderzucker, Mascarpone, Schmand, Kokosmilch und Rum in den Mixtopf geben und **20 Sekunden/Stufe 3** vermischen.

4. Creme und Himbeermasse abwechselnd auf vier Dessertgläser verteilen. Mit Kokosraspeln und Himbeeren garnieren.

Schoko-Vanille-Schichtdessert (Foto)

Zubereitungszeit: 20 Minuten • Gesamtzeit: 35 Minuten + Zeit zum Quellen

Zutaten für 4 Portionen

- 250 g Kirschen
- 100 g brauner Zucker
- 1 Vanilleschote
- 1 Prise Salz
- 700 g Milch
- 80 g Weichweizengrieß
- 1 EL ungesüßtes Kakaopulver

1. Kirschen waschen, entsteinen und in den Mixtopf geben. 40 Gramm Zucker dazugeben, ohne eingesetzten Messbecher **5 Minuten/100 °C/⟲/Stufe 1** kochen, beiseite geben und abtropfen lassen.

2. Vanilleschote längs aufschlitzen und das Mark herauskratzen. Vanilleschote und Vanillemark in den Mixtopf geben. 60 Gramm Zucker, Salz und Milch dazugeben und **7 Minuten/90 °C/⟲/Stufe 2** erwärmen. Vanilleschote entfernen.

3. Grieß in den Mixtopf geben und **3 Minuten/100 °C/Stufe 2** kochen. Anschließend die Hälfte beiseite geben. Kakao in den Mixtopf geben und **30 Sekunden/Stufe 3** vermischen. Grießbrei 15 Minuten quellen lassen.

4. Grießbrei abwechselnd mit den Kirschen in vier Dessertgläser schichten. Sofort genießen oder im Kühlschrank aufbewahren.

Bratapfel-Schichtdessert (Foto)

Zubereitungszeit: 20 Minuten • Gesamtzeit: 25 Minuten

Zutaten für 4 Portionen

- 100 g Mandeln
- 60 g Zucker
- 300 g Äpfel
- 10 g Zitronensaft
- ¼ TL Zimtpulver
- 2 EL Vanillezucker
- 10 g Butter
- 250 g Sahnejoghurt (10 % Fett)
- 250 g Ricotta

1. Für den Mandelkrokant Mandeln in den Mixtopf geben und **2 Sekunden/Stufe 6** zerkleinern. 40 Gramm Zucker in einer Pfanne karamellisieren, Mandeln dazugeben und so lange rühren, bis die Mandeln komplett von Karamell umzogen sind.

2. Für die Bratapfelschicht Äpfel schälen, vierteln und entkernen. Apfelfruchtfleisch, Saft, Zimtpulver und 1 Esslöffel Vanillezucker in den Mixtopf geben und **3 Sekunden/Stufe 4** zerkleinern. Butter dazugeben und **5 Minuten/↺/100 °C/Stufe 1** garen. Äpfel beiseite geben und abkühlen lassen. Mixtopf ausspülen.

3. Für die Creme Joghurt, Ricotta, 20 Gramm Zucker und 1 Esslöffel Vanillezucker in den Mixtopf geben und **15 Sekunden/Stufe 3** verrühren. Äpfel, Creme und Mandelkrokant abwechselnd in vier Dessertgläser schichten.

Käsekuchen-Schichtdessert

Zubereitungszeit: 15 Minuten • Gesamtzeit: 15 Minuten

Zutaten für 4 Portionen

- 100 g Butterkekse
- 170 g Mandarinen (Dose)
- 70 g Zucker
- 200 g Sahne
- 1 Vanilleschote
- 150 g ungesalzener Frischkäse
- 10 g Zitronensaft

1. Butterkekse in den Mixtopf geben, **2 Sekunden/Stufe 5** zerkleinern und beiseite geben. Mandarinen gut abtropfen lassen und vier Mandarinenspalten für die Deko beiseite geben.

2. Für die Creme Rühraufsatz einsetzen. Zucker und Sahne in den Mixtopf geben, so lange auf **Stufe 3,5** schlagen, bis die Sahne steif ist und beiseite geben. Rühraufsatz entfernen.

3. Vanilleschote längs aufschlitzen, das Mark herauskratzen und in den Mixtopf geben. Frischkäse, Zitronensaft und Mandarinen in den Mixtopf geben und **15 Sekunden/Stufe 3** verrühren. Steife Sahne dazugeben und **7 Sekunden/Stufe 3** unterheben.

4. Kekse und Mandarinencreme abwechselnd in vier Dessertgläser schichten. Mit den restlichen Mandarinenspalten garnieren.

Nachtisch aus dem Thermomix®

Schoko-Bananen-Omelette

Zubereitungszeit: 15 Minuten • Gesamtzeit: 40 Minuten

Zutaten für 4 Portionen

Für den Teig:
- 4 Eier
- 50 g Milch
- 90 g Mehl
- 40 g Zucker
- 1 Prise Salz

Für den Belag:
- 2 Bananen
- 80 g Heidelbeeren
- 100 g Vollmilchschokolade

Zum Dämpfen:
- 500 g Wasser

Außerdem:
- Backpapier
- Ahornsirup nach Belieben

1. Für den Teig Eier, Milch, Mehl, Zucker und Salz in den Mixtopf geben und **1 Minute/Stufe 4** vermischen.

2. Für den Belag Bananen schälen und in Scheiben schneiden. Heidelbeeren waschen. Schokolade in Stücke brechen.

3. Ein Backpapier auf den Varoma-Einlegeboden zuschneiden. Den Varoma-Einlegebogen mit dem Backpapier auslegen. Dabei darauf achten, dass die Dampfschlitze am oberen Rand nicht vom Backpapier verdeckt werden.

4. Den Teig auf das Backpapier geben. Bananenscheiben, Heidelbeeren und Schokolade auf dem Teig verteilen. Mixtopf ausspülen.

5. Wasser in den Mixtopf geben, den Varoma-Behälter aufsetzen und das Omelette **25 Minuten/Varoma/Stufe 1** dämpfen.

6. Omelette in vier Stücke teilen und mit Ahornsirup servieren.

Nachtisch aus dem Thermomix®

Karamellcreme

Zubereitungszeit: 15 Minuten • Gesamtzeit: 25 Minuten

Zutaten für 4 Portionen

- 70 g gesalzene Erdnusskerne
- 200 g harte Karamellbonbons
- 180 g Sahne
- 300 g Milch
- 20 g Stärke

Außerdem:
- 4 Schälchen (à 200 ml)

1. Erdnusskerne in den Mixtopf geben, **2 Sekunden/Stufe 6** hacken und beiseite geben.

2. Karamellbonbons aus ihrem Papier wickeln, in den Mixtopf geben, **20 Sekunden/Stufe 10** pulverisieren und beiseite geben.

3. Rühraufsatz einsetzen. Sahne in den Mixtopf geben, so lange auf **Stufe 3,5** schlagen, bis sie steif ist und beiseite geben. Rühraufsatz entfernen.

4. Milch, Stärke und 180 Gramm Karamellbonbonpulver in den Mixtopf geben, **6 Sekunden/Stufe 9** mixen. Dann **10 Minuten/ 100 °C/↺/Stufe 2** aufkochen.

5. Die Creme abkühlen lassen. Steif geschlagene Sahne dazugeben und **7 Sekunden/Stufe 3** unterheben.

6. Karamellcreme in vier Schälchen füllen und die gehackten Erdnusskerne und das restliche Karamellbonbonpulver darübergeben.

Mousse à l´Orange

Zubereitungszeit: 25 Minuten • Gesamtzeit: 55 Minuten + Kühlzeit: 5 Stunden

Zutaten für 4 Portionen

Für die Mousse:
- 4 Blatt weiße Gelatine
- 200 g Sahne
- 50 g weiße Kuvertüre
- 60 g Zucker
- 2 unbehandelte Orangen
- 250 g Naturjoghurt (3,5 % Fett)

Für die Sauce:
- 20 g Ingwer
- 400 g Orangensaft
- 3 Anissterne
- 4 Pimentkörner
- 4 Gewürznelken
- 60 g Zucker
- 10 g Stärke
- 20 g Orangenlikör

Zum Dekorieren:
- 1 unbehandelte Orange

1. Für die Mousse Gelatine nach Packungsanweisung einweichen.

2. Rühraufsatz einsetzen. Sahne in den Mixtopf geben und auf **Stufe 3,5** so lange schlagen, bis sie steif ist. Steife Sahne in den Kühlschrank stellen. Rühraufsatz entfernen.

3. Weiße Kuvertüre in Stücke brechen, in den Mixtopf geben und **4 Sekunden/Stufe 8** hacken.

4. Gelatine aus dem Wasser heben, tropfnass mit dem Zucker in den Mixtopf geben und **3 Minuten/50 °C/Stufe 2** erwärmen.

5. Inzwischen zwei Orangen auspressen. Orangensaft in den Mixtopf geben, **10 Sekunden/Stufe 3** verrühren.

6. Joghurt dazugeben und **12 Sekunden/Stufe 8** mixen. Die Creme in eine Schale geben, abdecken und in den Kühlschrank stellen, bis die Masse zu gelieren beginnt, das dauert ca. 30 Minuten.

7. Sobald die Masse geliert, Sahne mit dem Spatel unterheben. Die Mousse für 5 Stunden in den Kühlschrank stellen.

8. Inzwischen für die Sauce den Ingwer schälen, in den Mixtopf geben, **3 Sekunden/Stufe 8** zerkleinern und mit dem Spatel nach unten schieben.

9. Orangensaft, Gewürze, Zucker und Stärke in den Mixtopf geben und ohne eingesetzten Messbecher **12 Minuten/100 °C/↺/Stufe 3** einkochen.

10. Orangenlikör in den Mixtopf geben und **3 Sekunden/↺/Stufe 3** verrühren. Sauce durch den Gareinsatz abseihen.

11. Für die Dekoration die Orange heiß abwaschen, trocknen und etwas Schale mit einer Reibe dünn abreiben. Orange schälen und in Spalten filetieren.

12. Mit zwei Esslöffeln Nocken von der Mousse abstechen und mit der Sauce anrichten. Mit Orangenzesten und -spalten dekorieren.

REZEPTE

SÜSSES GEBÄCK

AUS DEM THERMOMIX®

Süßes Gebäck aus dem Thermomix®

Schwarzwälder-Kirsch-Cupcakes

Zubereitungszeit: 30 Minuten • Gesamtzeit: 55 Minuten

Zutaten für 12 Stück

Für den Teig:
- 150 g Zucker
- 120 g Kirschen
- 170 g Zartbitterkuvertüre
- 100 g Butter
- 120 g Mehl
- 2 EL ungesüßtes Kakaopulver
- ½ Päckchen Backpulver
- 1 Prise Salz
- 3 Eier
- 30 g Kirschwasser

Für die Creme:
- 200 g Mascarpone
- 300 g Magerquark
- 40 g Zucker

Zum Garnieren:
- 30 g Zartbitterkuvertüre
- 12 schöne Kirschen

Außerdem:
- 1 Muffinblech
- 12 Papier-Muffinförmchen
- Spritzbeutel mit Lochtülle

1. Zum Garnieren 30 Gramm Kuvertüre in Stücke brechen, in den Mixtopf geben, **2 Sekunden/Stufe 8** raspeln und beiseite geben.

2. Für den Teig den Zucker in den Mixtopf geben, **7 Sekunden/Stufe 10** pulverisieren und beiseite geben.

3. Kirschen waschen. 12 Kirschen für die Deko beiseite legen. Für den Teig die restlichen Kirschen entsteinen, **4 Sekunden/Stufe 4** zerkleinern und beiseite geben.

4. Backofen auf 180 °C (Umluft 160 °C, Gas Stufe 2–3) vorheizen. Muffinblech mit Papierförmchen auskleiden.

5. Kuvertüre klein brechen. Butter in Stücke schneiden. Kuvertüre, Butter und Puderzucker in den Mixtopf geben, **5 Sekunden/Stufe 8** zerkleinern und **5 Minuten/50 °C/Stufe 2** schmelzen.

6. Mehl, Kakao, Backpulver, Salz, Eier und Kirschwasser dazugeben und **30 Sekunden/Stufe 5** vermischen.

7. Die zerkleinerten Kirschen in den Teig geben, **3 Sekunden/↺/Stufe 3** vermischen.

8. Die Förmchen mit Teig füllen. Die Cupcakes auf der mittleren Schiene des Backofens 20 Minuten backen. Auskühlen lassen.

9. Inzwischen Mixtopf kalt ausspülen. Mascarpone, Quark und Zucker in den Mixtopf geben und **35 Sekunden/Stufe 3** verrühren.

10. Die Creme in einen Spritzbeutel mit Lochtülle füllen und auf die Cupcakes spritzen. Anschließend die Cupcakes mit den beiseite gestellten Schokoraspeln und je einer Kirsche garnieren.

Tipp: Kirschen vor dem Garnieren in geschmolzene Kuvertüre hüllen.

Süßes Gebäck aus dem Thermomix®

Karamellbrownies

Zubereitungszeit: 15 Minuten • Gesamtzeit: 1 Stunde

Zutaten für 20 Stück

- 150 g weiche Karamellbonbons
- 100 g Erdnusscreme
- 400 g Zartbitterkuvertüre
- 130 g Butter
- 6 Eier
- 350 g Zucker
- 2 EL Vanillezucker
- 190 g Mehl

Außerdem:
- Backpapier

1. Karamellbonbons und Erdnusscreme in den Mixtopf geben, **10 Minuten/70 °C/Stufe 2** erwärmen – es bilden sich kleine Streusel – und beiseite geben.

2. Die Kuvertüre in Stücke brechen, in den Mixtopf geben und **5 Sekunden/Stufe 8** zerkleinern.

3. Die Butter in grobe Stücke schneiden, in den Mixtopf geben, **5 Minuten/50 °C/Stufe 1** schmelzen und beiseite geben.

4. Backofen auf 170 °C (Umluft 150 °C, Gas Stufe 2) vorheizen. Backblech mit Backpapier auslegen.

5. Rühraufsatz einsetzen. Eier, Zucker und Vanillezucker in den Mixtopf geben, **6 Minuten/37 °C/Stufe 4** schaumig schlagen.

6. **1 Minute/Stufe 4** verrühren und dabei die Kuvertüre durch die Deckelöffnung langsam in den Mixtopf laufen lassen. Anschließend **1 Minute/Stufe 4** verrühren und Mehl langsam durch die Deckelöffnung dazugeben.

7. Die Schokomasse auf dem Backblech verteilen und die Streusel darübergeben. Das Backblech auf die unterste Schiene des Backofens schieben und die Schokomasse 25 bis 30 Minuten backen. Anschließend in Quadrate mit ca. 4 Zentimeter Kantenlänge schneiden.

Rhabarber-Blechkuchen

Zubereitungszeit: 20 Minuten • Gesamtzeit: 1 Stunde 20 Minuten

Zutaten für 1 Kuchen

Für den Teig:
- 280 g Zucker
- 1 Prise Salz
- ½ Vanilleschote
- 120 g weiche Butter
- 250 g Magerquark
- 150 g Milch
- 600 g Mehl Type 505
- 1 ½ Päckchen Backpulver

Für den Belag:
- 50 g Zucker
- 1 Prise Salz
- ½ Vanilleschote
- 400 g Milch
- 1 Ei
- 20 g Stärke
- 700 g Rhabarber

Außerdem:
- Backpapier

1. Für den Teig Zucker, Salz und Vanilleschote in den Mixtopf geben und **15 Sekunden/Stufe 10** zu Vanillezucker pulverisieren. 3 Esslöffel Vanillezucker beiseite geben.

2. Die Butter in Stücke schneiden, in den Mixtopf geben und **1 Minute/Stufe 5** schaumig rühren.

3. Quark, Milch, Mehl und Backpulver in den Mixtopf geben und **2 Minuten/Knetstufe** kneten.

4. Inzwischen ein Backblech mit Backpapier auslegen. Teig auf das Backpapier streichen. Mixtopf spülen und trocknen.

5. Für den Belag Zucker, Salz und Vanilleschote in den Mixtopf geben und **15 Sekunden/Stufe 10** pulverisieren.

6. Milch, Ei und Stärke in den Mixtopf geben und **7 Minuten/90 °C/Stufe 3** erhitzen. Den entstandenen Pudding etwas abkühlen lassen. Inzwischen Backofen auf 170 °C (Umluft 150 °C, Gas Stufe 2) vorheizen.

7. Rhabarber waschen, Enden abschneiden, äußere Schicht abziehen und die Stangen quer zur Faser in ca. 1 Zentimeter dicke Scheiben schneiden. Rhabarberscheiben auf dem Teigboden verteilen.

8. Den Pudding über dem Rhabarber verteilen. Den Kuchen auf der mittleren Schiene des Backofens 50 bis 60 Minuten backen.

9. Direkt vor dem Servieren den Kuchen mit dem beiseite gestellten Vanillepuderzucker bestreuen.

Apfelstrudelmuffins

Zubereitungszeit: 30 Minuten • Gesamtzeit: 1 Stunde + Gefrierzeit: 2 Stunden

Zutaten für 12 Stück

Für die Vanillewürfel als Füllung:
- ½ Vanilleschote
- 10 g Zucker
- 1 TL Stärke
- 100 g Milch
- 50 g Sahne

Für den Teig:
- 400 g Äpfel
- 130 g Butter
- 250 g Mehl
- ½ Päckchen Backpulver
- 100 g Zucker
- 1 TL Zimtpulver
- 2 Eier
- 100 g Milch
- 20 g Rum
- 40 g Rosinen

Für die Streusel:
- 80 g Butter
- 70 g Zucker
- 100 g Mehl

Außerdem:
- 1 Eiswürfelform
- 1 Muffinblech
- 12 Papier-Muffinförmchen

1. Für die gefrorenen Vanillewürfel Vanilleschote längs aufschlitzen und das Mark in den Mixtopf geben. Zucker und Stärke dazugeben und **10 Sekunden/Stufe 10** pulverisieren.

2. Milch und Sahne dazugeben und **5 Minuten/90 °C/Stufe 3** erhitzen. Die Sauce in 12 Eiswürfelkammern füllen und 2 Stunden einfrieren.

3. Backofen auf 180 °C (Umluft 160 °C, Gas Stufe 2–3) vorheizen. Muffinblech mit Papierförmchen auskleiden.

4. Für den Teig Äpfel schälen, entkernen, vierteln, in den Mixtopf geben, **3 Sekunden/Stufe 5** raspeln und beiseite geben.

5. Butter in Stücke schneiden. Butterstücke, Mehl, Backpulver, Zucker, Zimt, Eier, Milch und Rum in den Mixtopf geben und **30 Sekunden/Stufe 5** vermischen.

6. Äpfel und Rosinen dazugeben und **15 Sekunden/↺/Stufe 3** unterheben. Die Papierförmchen mit Teig füllen.

7. Für die Streusel Butter klein schneiden, mit Zucker und Mehl in den Mixtopf geben und **12 Sekunden/Stufe 4** vermischen.

8. Die gefrorenen Vanillewürfel aus der Eiswürfelform lösen und je einen Würfel in eine Teigmenge stecken, sodass er komplett von Teig umhüllt ist. Muffins mit Streuseln bedecken und auf der mittleren Schiene des Backofens 25 bis 30 Minuten backen. Warm genießen.

Info: Die Vanillesauce wird eingefroren und als Eiswürfel in den Teig gesteckt. So bekommt man nach dem Backen einen flüssigen Vanillesaucenkern. Die Würfel können auch gut einen Tag vorher eingefroren werden.

1.
2.
3.

Zimtschnecken

Zubereitungszeit: 30 Minuten • Gesamtzeit: 1 Stunde + Gehzeit: 30 Minuten

Zutaten für ca. 25 Stück

Für den Teig:
- 300 g Milch
- ½ Würfel Hefe
- 80 g Butter
- 500 g Mehl
- 50 g Zucker
- 1 Prise Salz

Für den Belag:
- 100 g weiche Butter
- 80 g Zucker
- 2 TL Zimtpulver
- 1 Ei
- 1 EL Milch

Außerdem:
- 30 g Zucker zum Bestäuben
- Mehl für die Arbeitsfläche
- Backpapier

1. Zum späteren Bestäuben 30 Gramm Zucker in den Mixtopf geben, **10 Sekunden/Stufe 10** pulverisieren und beiseite geben.

2. Für den Teig Milch und Hefe in den Mixtopf geben und **3 Minuten/37 °C/Stufe 2** erwärmen.

3. Butter in Stücke schneiden. Butterstücke, Mehl, Zucker und Salz in den Mixtopf geben und **2 Minuten/Knetstufe** kneten. Teig zugedeckt an einem warmen Ort für 30 Minuten gehen lassen.

4. Inzwischen für den Belag Butter in Stücke schneiden, in den Mixtopf geben und **2 Minuten/50 °C/Stufe 2** schmelzen.

5. Zucker und Zimt in einem Schälchen vermischen. Backofen auf 180 °C (Umluft 160 °C, Gas Stufe 2–3) vorheizen. Ein Backblech mit Backpapier auslegen.

6. Teig halbieren und auf einer bemehlten Arbeitsfläche rechteckig ausrollen. Mit Butter bestreichen, mit Zimt-Zucker bestreuen (Bild 1) und jeweils von der langen Seite her fest aufrollen.

7. Die Teigrollen so in Dreiecke schneiden, dass die breite Seite 3 Zentimeter und die schmale Seite 1 Zentimeter lang ist (Bild 2). Die Teigstücke auf die breite Seite stellen und die schmale Seite mit der Rückseite des Spatels eindrücken (Bild 3).

8. Die Teigstücke auf das Backblech setzen. Ei und Milch in einer Tasse verquirlen und die Zimtschnecken damit bestreichen. Auf der mittleren Schiene des Backofens in 20 bis 25 Minuten goldbraun backen. Mit dem beiseite gestellten Puderzucker bestreuen.

Süßes Gebäck aus dem Thermomix®

Biskuitrolle mit Erdbeeren

Zubereitungszeit: 25 Minuten • Gesamtzeit: 40 Minuten + Kühlzeit: 20 Minuten

Zutaten für 1 Biskuitrolle

Für den Teig:
- 200 g Sahne
- 100 g Zucker
- 1 EL Vanillezucker
- 1 Prise Salz
- 4 Eier
- 120 g Mehl

Für den Belag:
- 300 g Erdbeeren
- 20 g Baiser

Zum Garnieren:
- 130 g Zucker
- 1 EL Vanillezucker
- 3 Erdbeeren

Außerdem:
- Backpapier
- 1 Küchentuch
- Zucker für das Küchentuch

1. Zum Garnieren Zucker und Vanillezucker in den Mixtopf geben und **10 Sekunden/Stufe 10** pulverisieren. Die 3 Esslöffel Vanillezucker beiseite geben.

2. Für den Teig Rühraufsatz in den Mixtopf einsetzen. Sahne einfüllen und auf **Stufe 3,5** so lange schlagen, bis sie steif ist. Bis zur weiteren Verwendung in den Kühlschrank stellen.

3. Zucker, Vanillezucker, Salz und Eier in den Mixtopf geben und **6 Minuten/37 °C/Stufe 4** schlagen. Anschließend noch einmal **6 Minuten/Stufe 4** schlagen.

4. Inzwischen Backofen auf 180 °C (Umluft 160 °C, Gas Stufe 2–3) vorheizen. Ein Backblech mit Backpapier auslegen.

5. Mehl in den Mixtopf geben, **5 Sekunden/Stufe 3** vermischen.

6. Biskuitteig auf das Backblech streichen und auf der mittleren Schiene des Backofens 15 Minuten backen.

7. Ein Küchentuch mit Zucker ausstreuen. Den heißen Teig auf das gezuckerte Tuch stürzen, mit dem Küchentuch aufrollen und auskühlen lassen.

8. Inzwischen für den Belag Erdbeeren waschen, putzen und vierteln. Baiser in kleine Stücke brechen.

9. Biskuitboden wieder entrollen. Sahne, Erdbeeren und Baiser auf dem Boden verteilen und erneut aufrollen.

10. Mit dem beiseite gestellten Vanillezucker bestäuben. Zum Garnieren Erdbeeren bis zum Strunkansatz in dünne Scheiben ein-, nicht durchschneiden, leicht auffächern und auf die Rolle legen.

Tipp: Wer das Baiser selbst herstellen möchte, findet auf Seite 189 das passende Rezept.

Limettentorte ohne Backen

Zubereitungszeit: 45 Minuten • Gesamtzeit: 45 Minuten + Kühlzeit: 5 Stunden

Zutaten für 1 Torte

- 200 g Zucker
- 1 Päckchen Vanillezucker

Für den Boden:
- 80 g Butter
- 80 g Löffelbiskuits
- 80 g Butterkekse
- 20 g Agavensirup

Für den Belag:
- 6 Blatt weiße Gelatine
- 2 unbehandelte Limetten
- 300 g Magerquark
- 300 g Frischkäse

Für die Limetten:
- 1 unbehandelte Limette
- 2 EL Wasser
- 100 g brauner Zucker

Für das Minzpesto:
- ½ Bund Minze
- 50 g brauner Zucker
- 1 unbehandelte Limette

Außerdem:
- Backpapier
- 1 Springform (27 cm Durchmesser)
- Butter für die Form
- Zucker für die Form

1. Backpapier auf den Boden einer Springform spannen. Springform seitlich einfetten und einzuckern. Zucker und Vanillezucker in den Mixtopf geben, **10 Sekunden/Stufe 10** pulverisieren und beiseite geben.

2. Für den Boden Butter in Stücke schneiden, in den Mixtopf geben und **2 Minuten/50 °C/Stufe 2** schmelzen. Löffelbiskuits und Kekse in Stücke brechen. Mit Agavensirup zur Butter in den Mixtopf geben und **10 Sekunden/Stufe 5** zerkleinern. Die Masse auf dem Boden der Springform glatt streichen. Mixtopf ausspülen.

3. Für den Belag Gelatineblätter nach Packungsanweisung einweichen. Limetten auspressen und den Saft in den Mixtopf geben.

4. Gelatine tropfnass in den Mixtopf geben und **1 Minute/50 °C/Stufe 2** erwärmen. 3 Esslöffel Quark in den Mixtopf geben, **10 Sekunden/Stufe 3** verrühren und die Quark-Gelatine-Mischung beiseite stellen.

5. Pulverisierten Zucker, Frischkäse und Magerquark in den Mixtopf geben, **90 Sekunden/Stufe 4** vermischen. Die Quark-Gelatine-Mischung langsam durch die Öffnung im Deckel dazugeben.

6. Masse auf den Keksboden geben. In den Kühlschrank stellen und mindestens 5 Stunden durchkühlen lassen. Mixtopf spülen.

7. Für die karamellisierten Limettenscheiben Limette waschen und in sehr dünne Scheiben schneiden. Wasser und Zucker in einem Topf schmelzen, Limettenscheiben einlegen und leicht karamellisieren lassen. Abkühlen lassen. Die Torte damit garnieren.

8. Für das Pesto Minze waschen, trockentupfen, Blättchen abzupfen und einige Blättchen für die Deko beiseite stellen. Minzeblättchen und braunen Zucker in den Mixtopf geben, **4 Sekunden/Stufe 8** zerkleinern und mit dem Spatel nach unten schieben.

9. Aus der Schale der letzten Limette einige Zesten für die Dekoration gewinnen. Limette auspressen, den Saft in den Mixtopf geben und **4 Sekunden/Stufe 8** mixen. Die Torte mit Minzpesto und Minzeblättchen fertig garnieren.

Guglhupf mit Eierlikör und Brombeeren

Zubereitungszeit: 15 Minuten • Gesamtzeit: 45 Minuten

Zutaten für 1 Stück

- 210 g Zucker
- 180 g Butter
- 250 g Mehl
- ½ Päckchen Backpulver
- 3 Eier
- 200 g Eierlikör (Rezept siehe unten)
- 150 g Brombeeren

Außerdem:
- Guglhupfform (Durchmesser 22 bis 24 cm)
- Butter für die Form
- Mehl für die Form

1. Backofen auf 170 °C (Umluft 150 °C, Gas Stufe 2) vorheizen. Guglhupfform mit Butter einfetten und mit Mehl ausstreuen. Zum späteren Bestäuben 30 Gramm Zucker in den Mixtopf geben, **10 Sekunden/Stufe 10** pulverisieren und beiseite geben.

2. Für den Teig Butter klein schneiden. Butterstücke, 180 Gramm Zucker, Mehl, Backpulver, Eier und Eierlikör in den Mixtopf geben und **30 Sekunden/Stufe 5** verrühren. Brombeeren waschen, in den Mixtopf geben und mit dem Spatel vorsichtig unterheben.

3. Teig in die Form füllen. Den Guglhupf auf der mittleren Schiene des Backofens 30 bis 35 Minuten backen. Zur Sicherheit eine Stäbchenprobe (Info Seite 169) durchführen.

4. Die Form aus dem Backofen nehmen. Den Guglhupf 10 Minuten in der Form auskühlen lassen, stürzen und komplett auskühlen lassen. Mit dem beiseite gestellten Puderzucker bestäuben.

Eierlikör

Zubereitungszeit: 10 Minuten • Gesamtzeit: 15 Minuten

Zutaten für 500 ml

- 1 Vanilleschote
- 120 g Zucker
- 150 g Sahne
- 130 g Doppelkorn
- 5 Eigelb
- 40 g Orangensaft

Außerdem:
- 2 sterilisierte Fläschchen (à 250 ml)

1. Vanilleschote längs aufschlitzen, das Mark auskratzen und mit der Schote in den Mixtopf geben. Restliche Zutaten in den Mixtopf geben und **6 Minuten/70 °C/Stufe 4** erwärmen.

2. In sterilisierte Fläschchen einfüllen, abkühlen lassen und in den Kühlschrank stellen.

Tipp: Das übrige Eiweiß für Baiser (Rezept Seite 189) verwenden. Wer den Eierlikör selbst herstellt, serviert den restlichen Eierlikör zum Guglhupf.

Schneller Rührkuchen für Kinder

Zubereitungszeit: 10 Minuten • Gesamtzeit: 40 Minuten

Zutaten für 1 Kuchen

- 2 Bananen
- 200 g weiche Butter
- 80 g Zucker
- 200 g Mehl
- ½ Päckchen Backpulver
- 1 EL Vanillezucker
- 4 Eier
- 150 g farbige Schokolinsen

Außerdem:
- Kastenform (25 cm Länge)
- Butter für die Form
- Mehl für die Form

1. Backofen auf 180 °C (Umluft 160 °C, Gas Stufe 2–3) vorheizen. Kastenform einfetten und einmehlen.

2. Die Bananen schälen, in den Mixtopf geben und **4 Sekunden/Stufe 4** zerkleinern.

3. Butter in Stücke schneiden. Butterstücke, Zucker, Mehl, Backpulver, Vanillezucker und Eier in den Mixtopf geben und **30 Sekunden/Stufe 5** vermischen.

4. Die Schokolinsen dazugeben und **7 Sekunden/⟲/Stufe 4** unterheben.

5. Teig in die Kastenform füllen. Den Kuchen auf der mittleren Schiene des Backofens 30 Minuten backen und eine Stäbchenprobe durchführen.

Info: Für eine Stäbchenprobe ein Holzstäbchen kurz vor Ende der Backzeit einstechen. Klebt beim Herausziehen noch feuchter Teig am Holz, ist der Kuchen noch nicht fertig.

Tipp: 150 Gramm Schokolade in Stücke brechen, 4 Minuten/50 °C/Stufe 1 schmelzen. Den Kuchen nach dem Backen damit bestreichen und mit Schokolinsen garnieren.

Süßes Gebäck aus dem Thermomix®

Vanille-Heidelbeer-Tarte

Zubereitungszeit: 20 Minuten • Gesamtzeit: 40 Minuten + Kühlzeit: 4 Stunden

Zutaten für 1 Tarte

Für den Teig:
- 60 g Zucker
- 1 Prise Salz
- 90 g kalte Butter
- 150 g Mehl
- 1 Ei

Für die Vanillecreme:
- 1 Vanilleschote
- 80 g Zucker
- 1 EL Stärke
- 200 g Milch
- 1 Eigelb
- 150 g Heidelbeeren
- 200 g Mascarpone

Außerdem:
- Frischhaltefolie
- 1 Tarteform (27 cm Durchmesser)
- Butter für die Form
- Mehl für die Form

1. Für den Teig den Zucker und das Salz in den Mixtopf geben und **10 Sekunden/Stufe 10** pulverisieren.

2. Butter in kleine Stücke schneiden. Butterstücke, Mehl und Ei in den Mixtopf geben und **2 Minuten/Knetstufe** kneten.

3. Teig herausnehmen, in Frischhaltefolie wickeln und 1 Stunde in den Kühlschrank geben.

4. Backofen auf 180 °C (Umluft 160 °C, Gas Stufe 2–3) vorheizen. Tarteform einfetten und einmehlen.

5. Teig in die Tarteform drücken und auf der mittleren Schiene des Backofens 30 Minuten backen. Herausnehmen.

6. Inzwischen für die Creme die Vanilleschote längs aufschlitzen und das Mark in den Mixtopf geben. Zucker und Stärke dazugeben und **10 Sekunden/Stufe 10** pulverisieren.

7. Milch und Eigelb in den Mixtopf dazugeben und alles zusammen **7 Minuten/90 °C/Stufe 3** erhitzen.

8. In der Zwischenzeit die Heidelbeeren waschen. Mascarpone in den Mixtopf geben und **12 Sekunden/Stufe 4** vermischen.

9. Vanillecreme auf der Tarte verteilen. Mit Heidelbeeren garnieren. Die Tarte für 3 Stunden in den Kühlschrank stellen.

Macadamiacookies

Zubereitungszeit: 20 Minuten • Gesamtzeit: 30 Minuten

Zutaten für 35 Stück

- 100 g weiße Schokolade
- 130 g geröstete, gesalzene Macadamianüsse
- 200 g weiche Butter
- 130 g weißer Zucker
- 130 g brauner Zucker
- 1 EL Vanillezucker
- 2 Eier
- 390 g Mehl
- 1 TL Salz
- 1 TL Natron

1. Schokolade in Stücke brechen, mit den Nüssen in den Mixtopf geben, **5 Sekunden/Stufe 5** hacken und beiseite geben.
2. Backofen auf 180 °C (Umluft 160 °C, Gas Stufe 2–3) vorheizen. Ein Backblech mit Backpapier auslegen.
3. Butter in Stücken mit allen Zuckersorten sowie den Eiern in den Mixtopf geben und **1 Minute/Stufe 4** rühren. Mehl, Salz und Natron zufügen, **30 Sekunden/Stufe 5** verrühren. Schokolade und Nüsse dazugeben und mit dem Spatel unterheben.
4. Walnussgroße Portionen Teig mit 6 Zentimeter Abstand zueinander auf das Backpapier setzen. Die Cookies auf der mittleren Schiene des Backofens in 10 bis 12 Minuten goldgelb backen.

Haferkekse

Zubereitungszeit: 20 Minuten • Gesamtzeit: 35 Minuten

Zutaten für 30 Stück

- 100 g Butter, in Stücken
- 100 g brauner Zucker
- 2 EL Vanillezucker
- 1 Prise Salz
- 2 Eier
- 250 g kernige Haferflocken
- 60 g Mehl (Type 550)
- 1 TL Natron

1. Backofen auf 180 °C (Umluft 160 °C, Gas Stufe 2–3) vorheizen. Ein Backblech mit Backpapier auslegen.
2. Butterstücke, Zucker, Vanillezucker, Salz und Eier in den Mixtopf geben und **2 Minuten/Stufe 4** schaumig schlagen.
3. Haferflocken, Mehl und Natron in den Mixtopf geben und **30 Sekunden/↺/Stufe 4** verrühren.
4. Mit zwei Teelöffeln walnussgroße Portionen Teig mit 5 Zentimeter Abstand zueinander auf das Backblech setzen. Die Kekse auf der mittleren Schiene des Backofens 10 bis 15 Minuten backen. Sie sollten goldgelb, leicht gebräunt und in der Mitte noch etwas weich sein.

REZEPTE
GETRÄNKE
AUS DEM THERMOMIX®

Grüne Smoothies

Grüne Smoothies bestehen zu ein bis zwei Teilen aus Pflanzengrün und zu einem Teil aus Obst, Gemüse, Wasser und einer kleinen Menge geschmacks- und wertgebender Zutaten. Der Anteil wird nicht durch das Gewicht, sondern das Volumen der Zutaten im Mixtopf des Thermomix® bestimmt. 50 Gramm Feldsalat haben natürlich mehr Volumen im Mixtopf als 50 Gramm Heidelbeeren. Um sich an den manchmal etwas bitteren Geschmack der grünen Zutaten zu gewöhnen, kann man anfangs etwas weniger davon verwenden und den Anteil immer wieder mal erhöhen. Bei allem gilt: Erlaubt ist, was schmeckt.

Smoothies mit dem Thermomix®

1. Obst und Gemüse waschen, putzen, nach Bedarf schälen und in grobe Stücke schneiden.

2. Die weichen Zutaten zuerst in den Mixtopf schichten, da der durch die schnell pürierten weichen Zutaten entstehende Strudel des Mixtopfmessers die härteren Zutaten ins Messer zieht.

3. Je nach Konsistenzwunsch etwa **1 Minute/Stufe 10** pürieren. Dabei in der niedrigsten Drehzahlstufe starten und diese zügig hochdrehen. Bei Bedarf mehr Flüssigkeit oder Würze dazugeben oder die Mixzeit erhöhen.

Eis: Am besten schmecken Smoothies gekühlt. Es bietet sich also an, Zutaten aus dem Kühlschrank zu verwenden oder Eis zuzugeben.
Süße Früchte: Beim Einsatz besonders reifer und süßer Früchte kann aufgrund des hohen Zuckergehalts auf die Zugabe von Süßungsmitteln verzichtet werden.
Konsistenz: Gerne mehr oder weniger Flüssigkeit als in den Rezepten angegeben verwenden, da die optimale Konsistenz eines Smoothies stark von den eigenen Vorlieben abhängt. Da die Zutaten Naturprodukte sind, wirkt sich z. B. der Reifegrad der Früchte auch auf die Konsistenz des Smoothies aus.
Kaltschale: Die Smoothies können auch als Kaltschale serviert werden. Die Konsistenz sollte in diesem Fall nicht so flüssig sein. Hier bei der Zugabe der Flüssigkeit sparen.
Reinigung: Wir spülen den Mixtopf nach dem Smoothiemixen sofort mit kaltem Wasser aus und nehmen gegebenenfalls eine Reinigungsbürste zu Hilfe. Frisch nach der Zubereitung lässt sich der Mixtopf am leichtesten reinigen.

Das Smoothie-1x1 für den Thermomix®

Unsere Hauptzutat: sonnengereifte Früchte

Zwei bis drei Teile reife Früchte, auch tiefgekühlt oder ungezuckerte Dosenware:

Ananas, Äpfel, Aprikosen, Avocados, Bananen, Birnen, Brombeeren, Erdbeeren, Grapefruits, Heidelbeeren, Himbeeren, Johannisbeeren, Kirschen, Kiwis, Mangos, Maracujas, Melonen, Mirabellen, Nektarinen, Orangen, Pflaumen, Stachelbeeren, Trauben, Waldbeerenfruchtmischung, Weintrauben

Optionale Zutat – wer's mag: Gemüse.

Ein Teil frisches Gemüse, Kräuter oder Gräser – ersetzen einen Teil Früchte:

Babyspinat, Brokkoli, Erbsen, Fenchel, Gurken, Karotten + Grün, Kohlblätter, Kohlrabi, Kräuter (z. B. Kresse, Dill, Koriandergrün, Minze), Mangold, Paprikaschoten, Radieschen + Grün, Rote Bete, Salat (Kopfsalat, Rucola, Eisbergsalat, Feldsalat), Spargel, Spinat, Stangensellerie + Grün, Staudensellerie + Grün, Tomaten, Zucchini

Je nach Belieben noch ein bis zwei Teile Flüssigkeit:

Wasser, Mineralwasser, Eiswürfel und Eiswürfel aus Säften (sie machen den Smoothie besonders cremig), Tee, Kokoswasser, Säfte, Pflanzenmilch (Kokosmilch, Mandelmilch, Macadamiamilch, …), Milch (unentrahmte Vollmilch, 3,5 % Fett), Buttermilch, Kefir, Naturjoghurt (alle Fettstufen, nach Belieben)

Zum Abschmecken:

Zum Süßen

Agavendicksaft, Ahornsirup, Honig, Kokosblütenzucker, Stevia, Xylitol, Zuckerrübensirup

Zum Würzen

Chiasamen, Chilis, Essig, getrocknete Früchte, Ingwer, ungesüßter Kakao, Kardamom, Kokosnussmus, Kurkuma, Limettensaft, Maca (Knollenpulver einer Kresseart), Matcha (gemahlener grüner Tee), Salz, Vanille, Zimt, Zitronensaft, Zitrusschalen (unbehandelt)

Grüne Stärkung

Zubereitungszeit: 10 Minuten • Gesamtzeit: 10 Minuten

Zutaten für 2 Smoothies

- 80 g Spinat
- 300 g Tomaten
- ½ Bund Dill
- ½ Bund Petersilie
- 1 kleine Chilischote
- 1 Knoblauchzehe
- ½ TL Salz
- 2 TL Leinsamenöl
- 200 g Wasser

Außerdem:
- 2 Gläser (à 300 ml Inhalt)

1. Spinat, Tomaten, Dill, Petersilie und Chilischote waschen, putzen und in den Mixtopf geben. Knoblauch abziehen und dazugeben.

2. Salz, Leinsamenöl und Wasser in den Mixtopf geben und 1 Minute/Stufe 10 mixen.

Chia-Power-Smoothie

Zubereitungszeit: 10 Minuten • Gesamtzeit: 10 Minuten + Quellzeit: 30 Minuten

Zutaten für 2 Smoothies

- 1 Limette
- 300 g Birnen
- 1 Mango
- 250 g Traubensaft
- 15 g Chiasamen

Außerdem:
- 2 Gläser (à 300 ml Inhalt)

1. Limette auspressen und den Saft in den Mixtopf geben. Birnen waschen, vierteln, Kerngehäuse entfernen und das Fruchtfleisch in den Mixtopf geben.

2. Mango halbieren, das Fruchtfleisch herauslösen und in Stücke schneiden. Mangostücke und Traubensaft in den Mixtopf geben und 1 Minute/Stufe 10 pürieren.

3. Die Mischung in zwei Gläser geben und die Chiasamen unterrühren. Smoothies 30 Minuten im Kühlschrank quellen lassen.

Fruchtcocktail

Zubereitungszeit: 5 Minuten • Gesamtzeit: 5 Minuten

Zutaten für
4 Cocktails

- 300 g Eiswürfel
- 200 g Ananasfruchtfleisch
- 200 g Maracujanektar
- 300 g Orangensaft
- 200 g Vanilleeis (Rezept siehe unten)

Außerdem:
- 4 Gläser (à 300 ml Inhalt)

1. Die Eiswürfel in den Mixtopf geben und **4 Sekunden/ Stufe 5** crushen.

2. Ananas in Stücke schneiden, in den Mixtopf geben und **10 Sekunden/Stufe 8** pürieren.

3. Maracujanektar und Orangensaft dazugeben und **8 Sekunden/Stufe 10** mixen.

4. Vanilleeis dazugeben und **3 Sekunden/Stufe 4** vermischen. Cocktails sofort in vier Gläser verteilen und servieren.

Variante: *Anstatt Schritt 4 in jedes Glas eine Kugel Vanilleeis setzen.*

Vanilleeis

Zubereitungszeit 5 Minuten • Gesamtzeit 15 Minuten + Gefrierzeit: 30 Minuten

Zutaten für
8 Kugeln

- 1 Vanilleschote
- 110 g Zucker
- 300 g Milch
- 200 g Sahne
- 3 Eigelb

Außerdem:
- Eismaschine

1. Vanilleschote längs aufschlitzen und das Mark auskratzen. Schote und Mark in den Mixtopf geben.

2. Zucker, Milch, Sahne und Eigelb in den Mixtopf dazugeben und **8 Minuten/90 °C/Stufe 2** erhitzen.

3. Die Masse abkühlen lassen. Vanilleschote entfernen und in einer Eismaschine ca. 30 Minuten gefrieren.

Beerencocktail

Zubereitungszeit: 5 Minuten • Gesamtzeit: 5 Minuten

Zutaten für 4 Cocktails

- 80 g brauner Zucker
- 200 g gefrorener Beerenmix
- 200 g Pfirsichnektar
- 300 g Eiswürfel
- 400 g Sekt

Außerdem:
- 4 Gläser (à 300 ml Inhalt)

1. Zucker in den Mixtopf geben und **10 Sekunden/Stufe 10** pulverisieren.

2. Beeren und Pfirsichnektar in den Mixtopf geben und **10 Sekunden/Stufe 8** pürieren.

3. Eiswürfel dazugeben und **8 Sekunden/Stufe 8** zerkleinern.

4. Sekt dazugeben und **10 Sekunden/Stufe 3** vermischen.

5. Eisstücke aus dem Mixtopf in den Gläsern verteilen und mit Cocktail auffüllen.

Marshmallow-Schokolade

Zubereitungszeit: 5 Minuten • Gesamtzeit: 15 Minuten

Zutaten für 4 Getränke

- 140 g gekühlte Zartbitterschokolade
- 180 g Sahne
- 480 g Milch
- 120 g Mini-Marshmallows
- Zimt nach Belieben

Außerdem:
- 4 Tassen

1. Zartbitterschokolade in Stücke brechen, in den Mixtopf geben, 6 Sekunden/Stufe 8 zerkleinern und beiseite geben.

2. Sahne in den Mixtopf geben, Rühraufsatz einsetzen und auf Stufe 3,5 so lange schlagen, bis sie steif ist und beiseite geben. Rühraufsatz entfernen.

3. Milch, 110 Gramm Raspelschokolade und 100 Gramm Marshmallows in den Mixtopf geben und 7 Minuten/80 °C/Stufe 2 erhitzen und anschließend 5 Sekunden/Stufe 8 mixen.

4. Mit Sahnehaube, der restlichen Raspelschokolade und Marshmallows dekorieren und nach Belieben mit Zimt bestäuben.

REZEPTE

MITBRINGSEL

AUS DEM THERMOMIX®

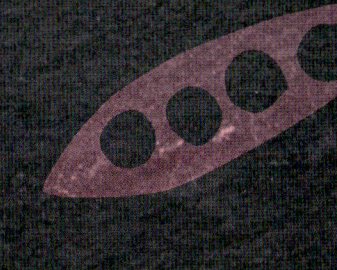

Marzipanlikör

Zubereitungszeit: 5 Minuten • Gesamtzeit: 15 Minuten

Zutaten für 3 Fläschchen

- 120 g Zucker
- 1 Vanilleschote
- 4 Eigelb
- 500 g Sahne
- 250 g Amaretto

Außerdem:
- 3 sterilisierte Fläschchen (à 250 ml)

1. Zucker in den Mixtopf geben und **12 Sekunden/Stufe 10** pulverisieren.

2. Vanilleschote der Länge nach aufschneiden und das Mark herauskratzen. Vanilleschote und Vanillemark in den Mixtopf geben. Die restlichen Zutaten dazugeben und **9 Minuten/70 °C/ Stufe 4** vermischen. Vanilleschote wieder herausnehmen.

3. Likör in sterilisierte Fläschchen füllen. Abkühlen lassen, im Kühlschrank aufbewahren und gekühlt servieren.

Tipp: Vanilleschote trocknen lassen und zur Herstellung von Vanillezucker verwenden.

Tipp: Aus dem Eiweiß Himbeer-Baiser herstellen (Rezept Seite 189).

Orangen-Lavendel-Schokolade

Zubereitungszeit: 5 Minuten • Gesamtzeit: 10 Minuten + Kühlzeit

Zutaten für 20 Stück

- 10 g Zucker
- 1 TL getrocknete Lavendelblüten
- 1 EL unbehandelte Orangenschale, fein gerieben
- 200 g weiße Schokolade

Außerdem:
- 1 Silikonform für Schokolade

1. Zucker, Lavendelblüten und Orangenschale in den Mixtopf geben und **2 Minuten/Stufe 10** pulverisieren.

2. Weiße Schokolade in Stücke brechen, in den Mixtopf geben und **5 Sekunden/Stufe 8** zerkleinern. Danach **5 Minuten/50 °C/ Stufe 3** schmelzen lassen. Masse in Schokoladenförmchen füllen. Im Kühlschrank aushärten lassen.

Tipp: Zum Genießen die Schokoladenstücke aus der Form drücken. Sie eignen sich, hübsch verpackt, gut als Geschenk.

Tipp: Wer keine Form zur Hand hat, kann die Schokolade auf ein Backpapier gießen, aushärten lassen, zerstoßen und anschließend ansprechend verpacken.

Himbeer-Baiser

Zubereitungszeit: 20 Minuten • Gesamtzeit: 1 Stunde 50 Minuten

Zutaten für ca. 100 Stück

- 50 g Himbeeren
- 4 Eiweiß
- 1 Prise Salz
- 3 Tropfen Zitronensaft
- 200 g Zucker

Außerdem:
- Backpapier
- Spritztülle

1. Himbeeren in dem Mixtopf **5 Sekunden/Stufe 3** zerkleinern und beiseite geben. Mixtopf mit kaltem Wasser ausspülen. Backofen auf 90 °C vorheizen. Backblech mit Backpapier auslegen.

3. Rühraufsatz einsetzen. Eiweiß, Salz und Zitronensaft in den Mixtopf geben, **4 Minuten/Stufe 3,5** steif schlagen und dabei den Zucker langsam in den Mixtopf einrieseln lassen.

4. Himbeeren dazugeben und **5 Sekunden/Stufe 4** unterheben.

5. Mit einer Spritztülle kleine Häufchen auf das Backpapier setzen. Die Baisers auf der mittleren Schiene des warmen Backofens 1:30 Stunden trocknen lassen. Sie sind fertig, wenn sie außen hart und innen noch weich sind.

Cantuccini

Zubereitungszeit: 20 Minuten • Gesamtzeit: 45 Minuten + Kühlzeit: 30 Minuten

Zutaten für ca. 50 Stück

- 250 g Mehl
- 160 g Zucker
- ½ Päckchen Backpulver
- ½ Fläschchen Bittermandelaroma
- 1 Prise Salz
- 20 g Butter
- 2 Eier
- 120 g ganze Mandeln
- 50 g Pistazien

1. Mehl, Zucker, Backpulver, Bittermandelaroma, Salz, Butter und Eier in den Mixtopf geben und **2 Minuten/Knetstufe** kneten. Mandeln und Pistazien in den Mixtopf geben und **30 Sekunden/Knetstufe** kneten. Teig abdecken und 30 Minuten kühl stellen.

2. Inzwischen Backofen auf 200 °C (Umluft 180 °C, Gas Stufe 3–4) vorheizen. Ein Backblech mit Backpapier auslegen.

3. Teig mit Mehl bestäuben, in sechs Stücke teilen und aus jedem Stück eine 25 Zentimeter lange Rolle formen. Die Rollen mit ca. 4 Zentimeter Abstand zueinander auf das Backblech legen.

4. Die Rollen 15 Minuten backen. Herausholen und abkühlen lassen. Dann in ca. 2 Zentimeter dicke Scheiben schneiden. Cantuccini mit Alufolie abdecken und weitere 10 Minuten backen.

Rezeptregister

Fingerfood

Dreierlei Käseschnecken 23

Eiersalat im Gläschen mit Topping zur Auswahl 25

Hähnchenspieße mit Teriyakisauce 18

Lachsfrikadellen mit zweierlei Dips 22

Tartelettes mit Käsefüllung 21

Salate

Apfeldressing 35

Avocadosalat mit Mangodressing und Shrimps 33

Joghurt-Minze-Dressing 34

Kräuterdressing 35

Kürbis-Rote-Bete-Salat 28

Nudelsalat mit Tomatenpesto 30

Orangen-Meerrettich-Dressing 34

Rohkostsalat mit Joghurtdressing 30

Spargelsalat mit Schinken 31

Suppen

Beerenbowl 45

Cremige Gemüsesuppe 41

Gulaschsuppe 39

Limetten-Kabeljau-Eintopf 40

Tom-Kha-Gai-Suppe 42

Fleisch

Fitnesshähnchen 56

Gebratene Nudeln mit Schweinefilet 51

Gefüllte Paprika 59

Hackbraten mit Blumenkohl-Käse-Füllung 61

Hähnchencurry mit Reis 48

Köttbullar mit Karotten-Kartoffel-Püree 55

Ravioli mit Salbeibutter 52

Würstchen-Eintopf 57

Fisch

Alaska-Seelachs-Päckchen in Orangencreme 77

Fischburger mit Mayonnaise 70

Gefüllte Kartoffeln mit Garnelen 66

Kabeljau auf Gemüsebett 73

Karibischer Fischauflauf 72

Lachs-Tagliatelle-Muffins 64

Rotbarsch in Kräuterkruste 74

Schellfischragout 69

Vegetarisches

Brokkoli-Nudelauflauf 90

Enchiladas de Queso 83

Gnocchi mit Tomaten-Ricotta-Sauce 88

Kräuterkäsespätzle 91

Kürbiskuchen 92

Naan-Brot mit Gemüse und Raita 95

Spinattaschen 87

Walnuss-Flammkuchen 84

Zitronenrisotto 81

Veganes

Farfalle mit Blumenkohl-Cashew-Sauce 107

Gemüsespaghetti mit Nusspesto 98

Indischer Linsen-Dal 100

Kartoffel-Aprikosen-Auflauf 104

Ratatouille 106

Schlemmertöpfchen mit Salsa verde 111

Tomate-Walnuss-Focaccia 109

Wraps mit Kichererbsenbällen 103

Herzhaftes Gebäck

Körnerbürli 114

Laugenstriezel mit Sesam 119

Low-Carb-Frühstückstaler 114

Mediterrane Minibaguettes 119

Minibrotlaibe 116

Vierkornbaguette 118

Aufstriche

Grillbutter 122

Karotten-Walnuss-Aufstrich 122

Kichererbsencreme 125

Räucherforellencreme 125

Trauben-Weißwein-Konfitüre 126

Partyrezepte

Chili con Cabanossi 135

Käsemuffins im Speckmantel 130

Linsenbällchen mit Koriander-Joghurt-Dip 137

Mariniertes Gemüse 134

Pizzakranz 132

Nachtisch

Bratapfel-Schichtdessert 147

Dessert à la Crème Brûlée 143

Erdbeereis mit Schokostreusel 140

Frozen Joghurt Ananas-Zitrone 140

Karamellcreme 150

Käsekuchen-Schichtdessert 147
Kokos-Himbeer-Schichtdessert 144
Mousse à l'Orange 153
Rotweinbirnen 142
Schnelle Eiscreme 142
Schoko-Bananen-Omelette 149
Schoko-Vanille-Schichtdessert 144
Vanilleeis 180

Süßes Gebäck
Apfelstrudelmuffins 161
Biskuitrolle mit Erdbeeren 164
Eierlikör 168
Guglhupf mit Eierlikör und Brombeeren 168
Haferkekse 173
Karamellbrownies 158
Limettentorte ohne Backen 167
Macadamiacookies 173
Rhabarber-Blechkuchen 160
Schneller Rührkuchen für Kinder 169
Schwarzwälder-Kirsch-Cupcakes 156
Vanille-Heidelbeer-Tarte 170
Zimtschnecken 163

Getränke
Beerencocktail 181
Chia-Power-Smoothie 179
Fruchtcocktail 180
Grüne Smoothies 174 ff.
Grüne Stärkung 179
Marshmallow-Schokolade 183

Mitbringsel
Cantuccini 189
Himbeer-Baiser 189
Marzipanlikör 186
Orangen-Lavendel-Schokolade 186

Über die Autoren

Daniela und Tobias Gronau, begeisterte Besitzer des TM31 und TM5, haben ihr Hobby vor einigen Jahren zum Beruf gemacht und kochen nun hauptberuflich mit dem Thermomix®. Die Blogger überzeugen ihre über 50.000 Follower auf Facebook immer wieder durch gesunde, moderne und leckere Kreationen. In ihrem eigenen Verlag veröffentlichen sie erfolgreich Thermomix®-Rezepthefte – und hinzugekommen ist seit Neuestem ihre eigene Produktlinie »Mix&Lecker Bio-Rundum-Sorglos-Mischungen« für die schnelle Küche.

Impressum

1. Auflage 2016

© 2016 by Südwest Verlag, einem Unternehmen der Verlagsgruppe Random House GmbH, Neumarkter Straße 28, 81673 München

Alle Rechte vorbehalten. Vollständige oder auszugsweise Reproduktion, gleich welcher Form (Fotokopie, Mikrofilm, elektronische Datenverarbeitung oder durch andere Verfahren), Vervielfältigung, Weitergabe von Vervielfältigungen nur mit schriftlicher Genehmigung des Verlags.

Hinweis

Das vorliegende Buch ist sorgfältig erarbeitet worden. Dennoch erfolgen alle Angaben ohne Gewähr. Weder die Autoren noch der Verlag können für eventuelle Nachteile oder Schäden, die aus den im Buch gegebenen Hinweisen resultieren, eine Haftung übernehmen.

Für das Gelingen und die Anwendungshinweise der Rezepte und Zubereitungen ist der Verlag, nicht die Vorwerk Deutschland Stiftung & Co. KG, Geschäftsbereich Thermomix, verantwortlich.

Thermomix® ist ein eingetragenes Markenzeichen der Vorwerk-Gruppe.

Die Verlagsgruppe Random House weist ausdrücklich darauf hin, dass im Text enthaltene externe Links vom Verlag nur bis zum Zeitpunkt der Buchveröffentlichung eingesehen werden konnten. Auf spätere Veränderungen hat der Verlag keinerlei Einfluss. Eine Haftung des Verlags für externe Links ist stets ausgeschlossen.

Bildnachweis

Foodfotografie, Foodstyling und Styling Daniela Gronau-Ratzeck und Tobias Gronau
Illustrationen Daniela Gronau-Ratzeck und Tobias Gronau
Foto Thermomix® (Seite 10) Daniela Gronau-Ratzeck und Tobias Gronau
Coverfoto Maike Jessen
Fond/Aufmacher und Hinterleger Rezeptfotos shutterstock/Matthias Richter

Redaktionsleitung Silke Kirsch

Projektleitung Ann-Kathrin Kunz

Satz/DTP
Grafikdesign Hansen – Jan-Dirk Hansen

Layout OH, JA! (www.oh-ja.com)

Umschlaggestaltung
OH, JA! (www.oh-ja.com)

Lektorat Dr. Ute Paul-Prößler

Korrektorat Susanne Langer

Bildredaktion Sabine Kestler

Reproduktion Mohn Media Mohndruck GmbH, Gütersloh

Druck und Verarbeitung Mohn Media Mohndruck GmbH, Gütersloh

Printed in Germany

Verlagsgruppe Random House FSC® N001967

ISBN 978-3-517-09535-6
www.suedwest-verlag.de